Hacia un tiempo de síntesis

FRAGMENTOS, 4

Javier Melloni

HACIA UN TIEMPO DE SÍNTESIS

FRAGMENTA EDITORIAL

Publicado por FRAGMENTA EDITORIAL, S. L. U.
Plaça del Nord, 4
08024 Barcelona
www.fragmenta.es
fragmenta@fragmenta.es

Colección FRAGMENTOS, 4

Primera edición MAYO DEL 2011
Primera reimpresión FEBRERO DEL 2013
Segunda reimpresión NOVIEMBRE DEL 2013
Tercera reimpresión FEBRERO DEL 2014
Cuarta reimpresión SEPTIEMBRE DEL 2020

Dirección editorial IGNASI MORETA
Producción editorial JULIA ARGEMÍ
Producción gráfica INÊS CASTEL-BRANCO

Impresión y encuadernación ROMANYÀ VALLS, S. A.

© 2011 JAVIER MELLONI RIBAS
por el texto

© 2011 FRAGMENTA EDITORIAL
por esta edición

Depósito legal B. 18.470-2011
ISBN 978-84-92416-42-4

Generalitat de Catalunya
Departament de Cultura

La producción de esta obra ha contado con el apoyo del Departamento de Cultura de la Generalitat de Catalunya

RESERVADOS TODOS LOS DERECHOS

PRINTED IN SPAIN

A Raimon Panikkar,
que nos enseñó a no tener miedo a pensar
y nos estimuló a vivir
según nuestros más nobles y elevados pensamientos.

In memoriam

ÍNDICE

Prefacio   13

I
APERTURAS

I   LA DIFÍCIL ALTERIDAD   21

1. El problema de las identidades   22
2. La identidad religiosa   24
3. Tres etapas en el encuentro con el otro   26
   - a   *La etapa tribal-aislacionista*   26
   - b   *La etapa imperialista-expansionista*   27
   - c   *La etapa pluralista*   28
4. La emergencia de un nuevo paradigma   30
5. Los tres tiempos del viaje a la alteridad   33
6. Los efectos del encuentro   36
   - a   *Purificación*   37
   - b   *Fecundación*   37
   - c   *Hacia síntesis superiores todavía por realizar*   38

II   COMPARTIR PLENITUDES EN LUGAR DE COMPETIR ENTRE TOTALIDADES   43

1. Cuando la plenitud se confunde con la totalidad   43
2. Cuando el principio se confunde con el final   45
3. Cuando la certeza se confunde con la seguridad   46
4. Cuando el icono se confunde con el ídolo   48
5. Cuando nuestras palabras se confunden con la Palabra   50

6	Cuando el *kerigma* se confunde con el proselitismo	51
7	Cuando se comparten plenitudes en lugar de competir entre totalidades	52
8	Cuando somos capaces de recibir los textos de los demás	55
9	Cuando emprendemos una lectura transconfesional	58

III EL DIÁLOGO INTERRELIGIOSO COMO EXPERIENCIA ESPIRITUAL — 61

1. Una palabra desarmada — 65
2. Una palabra despojada — 67
3. Una palabra descentrada — 70
4. Una palabra silente — 73
5. Una palabra creadora — 74

II
FECUNDACIONES

IV ORIENTE Y OCCIDENTE — 79

1. Principio de superación y de transformación exterior *versus* principio de aceptación y de transformación interior — 80
2. Actitud ante el tiempo y la historia: futuro *versus* presente — 83
3. Principio de personalización y de alteridad *versus* principio de oceanización y de mismidad — 84
4. Razón analítica y principio de no-contradicción *versus* razón simbólica y paradójica — 88
5. Actividad *versus* no-acción — 94
6. Vía positiva *versus* vía negativa — 97
7. Recapitulación: plenitud y vacuidad — 99

V EL CAMINO DEL YOGA — 103

1. Las etapas del camino — 104
   a. *Renuncias y adhesiones* — 104
   b. *Posturas y respiración* — 107
   c. *Recogimiento de los sentidos* — 108
   d. *Concentración, meditación y absorción* — 109

2	Los tres ámbitos antropológicos	112
	a *Karma Yoga o el camino de la acción*	112
	b *Jnana Yoga o el camino del conocimiento*	114
	c *Bhakti Yoga o el camino de la devoción*	116
3	La experiencia no dual (*advaita*)	119

VI   LA META DEL BUDDHISMO — 123

1. La extinción del yo — 127
2. La atención vigilante — 130
3. La práctica asidua de la meditación — 132
4. La experiencia de la iluminación — 134
5. Vacuidad y apofatismo — 136
6. Sabiduría (*prajna*) y libertad interior — 138
7. *Karuna* o la compasión universal — 139
8. Recapitulación — 141

VII   LA NEW AGE, ¿MÍSTICA O MISTIFICACIÓN? — 145

1. La recuperación del cuerpo y el sentido de pertenencia a la tierra — 146
2. El plano energético: ¿incursiones en lo Real o entretenimientos? — 149
3. La experiencia personal como norma suprema — 152
4. ¿Somos partículas de Dios experimentándose a Sí mismo? — 155
5. ¿Divinización o endiosamiento? — 158
6. Balance — 160

III
CO-INSPIRACIONES

VIII   LA INTEGRACIÓN COSMOTEÁNDRICA — 165

1. Las tres grandes constelaciones religiosas — 166
   a *Las religiones cósmicas* — 166
   b *Las religiones teístas-personalistas* — 168
   c *Las religiones oceánicas* — 169
2. El modelo laico o la secularidad sagrada — 171
3. Cuatro modelos de integración de la trascendencia y la inmanencia — 174

IX VÍA MÍSTICA: LA PROFUNDIDAD DEL MISTERIO Y EL CULTIVO DE LA INTERIORIDAD — 177

1. Hacia el fondo de lo Real — 177
2. El trascendimiento continuo — 180
3. La noche inevitable — 184
4. La dimensión apofática de la fe — 186
5. Hacia el Dios desconocido y reconocido — 192
6. Las religiones como mistagogas del silencio — 193

X VÍA ÉTICA: LA SACRALIDAD DEL OTRO Y EL CULTIVO DE LA SOLIDARIDAD — 197

1. La asunción del yo, la apertura al tú y la inclusión del tercero — 198
2. El impulso profético de las religiones teístas — 199
3. La aportación de las religiones oceánicas — 205
4. La contribución de la tradición laica — 209
5. Celebrar la fraternidad — 214

XI VÍA ECOLÓGICA: LA SACRALIDAD DE LA TIERRA Y EL CULTIVO DE LA SOBRIEDAD — 217

1. La tierra como alteridad — 218
2. Las edades de la tierra — 218
3. El exilio del aislamiento — 220
4. El deseo como consecuencia de la dualidad y la dualidad como consecuencia del deseo — 224
5. Desaprender la voracidad — 226
6. Caminar de forma sagrada — 230

EPÍLOGO

XII EL FUTURO DE LAS RELIGIONES — 237

1. Etapas hacia la no-dualidad — 238
   a. *Heteronomía* — 238
   b. *Autonomía* — 239
   c. *Ontonomía* — 240

2 Chamanes, profetas y sabios 242
   a La etapa chamánica 242
   b La etapa sacerdotal 243
   c La etapa de la sabiduría 244
3 La inseparabilidad entre el conocedor y lo conocido, entre el creyente y lo creído 245
4 El estado de no-dualidad 247
5 La interrelacionalidad de todas las cosas 248
6 Entregarse, contenerse y silenciarse 250
7 Hacia un horizonte siempre por alcanzar 253

Origen de los capítulos 257
Índice onomástico 261

PREFACIO

> *Cada época se justifica ante la historia*
> *por el encuentro de una verdad*
> *que alcanza claridad en ella.*
> *¿Cuál será nuestra verdad?*
> *¿Cuál nuestra manifestación?*
>
> MARÍA ZAMBRANO

Nuestra generación ha crecido entre las ruinas de antiguas certezas. Nacimos mientras caían. Apenas participamos en su derrumbe. Somos hijos del fragmento, pero el fragmento no nos inquieta, porque la alternativa de las grandes moles compactas no nos atrae ni nos convence. Han producido demasiadas víctimas como para confiar en ellas. Con los fragmentos, en cambio, se pueden hacer mosaicos y vidrieras que insinúen lo Invisible sin saturarlo, formas cambiantes de paredes y tejados, de bóvedas, campanarios y minaretes que alberguen y señalen ámbitos de trascendencia sin problematizar porque queden espacios abiertos, ya que el vacío puede ser una forma de plenitud. Esto es lo que otras cosmovisiones nos recuerdan. Recurrir a ellas nos da la oportunidad de salir de nuestros cotos demasiado cerrados y descubrir que la existencia, transida de Misterio, se puede vislumbrar y expresar de muchos modos. Modos que permiten acoger la vida como don y celebración a la vez que como tarea, lo cual supone una actitud distinta a la de los maestros de la sospecha pero que no es ajena a sus aportaciones, porque ha sido purificada gracias a ellos.

Después de un siglo de ideologías férreas que negaban lo Invisible y de décadas de teología sobre la muerte de Dios, nos hallamos ante un nuevo paradigma en el que el resurgimiento de lo espiritual ha confluido con la pluralidad cultural y religiosa, dando pie a un extraño magma de corrientes de Oriente y de pretéritas tradiciones olvidadas de Occidente y de otros lugares del planeta, fenómeno que algunos pensadores han calificado de *retorno de lo sagrado*. Situación que resulta incómoda a una generación para la cual hablar demasiado de Dios resulta impúdico, casi blasfemo.

En cualquier caso, es innegable que estas ascuas reavivadas indican el anhelo de trascendencia que subyace en la hondura del ser humano y que está reprendiendo con nuevos nombres y maneras de reconocerlo y desplegarlo. El reto consiste en que este resurgimiento integre las aportaciones de las generaciones precedentes, tanto de las más antiguas que pertenecieron a la *primera inocencia* como de las más recientes que aportaron una actitud crítica respecto a las religiones. De aquí que se pueda esperar un tiempo nuevo en el que visiones que hasta el presente han competido entre sí descubran que se necesitan mutuamente.

Se podría comprender este tiempo nuevo que está emergiendo como la oportunidad de integrar trascendencia e inmanencia; lo sagrado y lo profano; *animus* y *anima*; el Dios personal y el Dios transpersonal. Esta síntesis está llamada a conjuntar también contemplación y compromiso ético, ciencia y espiritualidad, tecnología y ecología, capacidad crítica y actitud admirativa, dando pie a lo que Paul Ricœur llamó ya hace algunos años la *segunda ingenuidad*, y Raimon Panikkar, *la nueva inocencia*.

Estos atisbos de síntesis se producen como resultado del encuentro de las diversas tradiciones religiosas y cosmovisiones de la humanidad. Ello hace que ya no sea posible pensar a Dios, al hombre y al mundo a partir de un único modelo. En estos tiempos complejos necesitamos recurrir al bagaje de las diferentes sabidurías y corrientes espirituales para avanzar juntos como seres humanos y crecer en conciencia planetaria. No importa tanto identificar las denominaciones de origen cuanto poner en común toda esa riqueza para que conspiremos juntos y respondamos con profundidad y lucidez a los retos que tenemos planteados. Ya no es posible comprendernos aisladamente.

Alcanzar esta síntesis no es una tarea fácil, porque no se establece en el mismo plano que sus antinomias, sino en un ámbito de mayor profundidad donde cada una de ellas es convocada más allá de sí misma. Solo es posible acceder a un nuevo nivel de conciencia a través de la depuración que produce el paso por el despojo, de modo que los elementos anteriores sean integrados en un plano superior. Esto requiere un exigente trabajo de apertura que no solo implica la asunción de lo diferente, sino que supone transitar desde el territorio conocido hacia una profundidad que se abre ante nosotros y que todavía está por alcanzar en otro plano de conciencia.

Mientras no sea así, podemos pasar décadas, siglos, milenios, empecinados en defender nuestra visión del mundo oponiéndola a la de los demás. Por el contrario, nuestra cultura del fragmento pone las condiciones para las incursiones místicas, despojados de las seguridades de antaño que nos aislaban en nuestros cotos. El diferente ya no puede ser un enemigo al cual atacar o del cual defendernos encarnizadamente, ni tampoco puede sernos indiferente, sino la ocasión de recibirlo como portador de un ángulo de realidad que complementa el propio. Estamos llamados a desvelar conjuntamente el misterio de lo real en todos los ámbitos. Urge una transparentación de la mirada y una apertura de la mente-corazón que permita que las cosas desvelen su última profundidad, el secreto de su interioridad que hace a todas las cosas sagradas, porque sagrado es el fondo del que emergen.

Las páginas que vienen a continuación son resultado de reflexiones realizadas durante los últimos diez años a propósito de diversas situaciones. Se trata de un *continuum* de pensamiento todavía en gestación que se mueve en un terreno que es nuevo para todos. El encuentro de las religiones, con todo lo que conmueve y posibilita, apenas ha comenzado. Estamos solo en sus inicios y se trata de una lenta transformación, como milenarias son las raíces de las grandes tradiciones.

Comparto pensamientos, convicciones e intuiciones que reflejan el proceso de deconstrucción y de reconstrucción en el que se encuentran actualmente las religiones y las diversas manifestaciones del hecho religioso, proceso que no solo afecta a los creyentes ordinarios sino también a todos los que buscan la dimensión trascendente más allá de los caminos establecidos. Es mucho lo que está en juego: que perviva lo mejor de estas tradiciones y ayuden con su sabiduría al momento presente a dar un paso adelante hacia un nuevo estado de conciencia, o que su legado quede recluido en las trastiendas de cada tradición para nutrir solo el instinto identitario de un grupo determinado.

El libro está distribuido en tres partes. En la primera se aborda la necesaria apertura para acoger este tiempo de pluralismo en que nos encontramos. Implica una *metanoia*, una transformación del corazón y de la mente que lleva a emprender un éxodo espiritual y cognitivo. La segunda parte se concentra en el encuentro entre Oriente y Occidente para ver cómo se pueden fecundar mutuamente. Se dedica una particular atención al camino del yoga y al buddhismo, así como se trata de aclarar en qué consiste la nebulosa llamada *Nueva Era*. La tercera parte está dedicada a ver cómo las diversas tradiciones religiosas pueden aportar su legado para desarrollar las tres dimensiones que constituyen la realidad: la trascendente o divina a través de la vía mística, la humana a través de la vía ética y la cósmica a través de la vía ecológica. En el epílogo se retoma todo el recorrido proyectándolo hacia el horizonte de la no-dualidad.

Algunas de estas páginas provienen de ponencias y artículos publicados dispersamente. El hecho de reunirlos en un volumen ha sido una ocasión para modificarlos, enriquecerlos o completarlos, ofreciéndolos en un todo orgánico que pudiera presentarse como una sola obra.

I
APERTURAS

I

LA DIFÍCIL ALTERIDAD

*Si actualmente hay tanta confusión en nuestro mundo
es porque cada uno de los seres humanos
reivindica los derechos de una conciencia iluminada
sin someterla a la mínima disciplina.*

GANDHI

El cambio cultural y civilizatorio que estamos viviendo en todos los ámbitos es tan radical que no permite darnos cuenta de lo que supone para la evolución del planeta y de nuestra especie. Nos falta perspectiva para percibir lo que está pasando. La explosión demográfica fruto de los avances científicos y del crecimiento económico, sumada al desarrollo de los medios de transporte y de comunicación, han alterado las coordenadas espacio-temporales a las que estábamos acostumbrados desde hace muchas generaciones. Esta situación no ha hecho más que empezar, porque de aquí a treinta años —si no nos hemos colapsado antes— seremos un tercio más de seres humanos, unos nueve mil millones, y mucho más mezclados. Se han hecho estudios con diferentes mamíferos en superficies cerradas y se ha comprobado que cuando crece la densidad de población crecen también la ansiedad y la agresividad. Pero no hay que ir a ningún laboratorio. Es suficiente observar qué nos pasa a nosotros mismos cuando sentimos invadido nuestro espacio vital.

Las tensiones, tanto como las oportunidades, pugnan por doquier. Se habla del *choque de civilizaciones*, expresión acuñada por el analista norteamericano Samuel Huntington, uno de los asesores del gobierno de George Bush. Escribía en 1996: «Las civilizaciones son las últimas tribus humanas y el choque entre civilizaciones es un conflicto tribal a escala planetaria [...]. Es posible que, en el futuro, los enfrentamientos más peligrosos surjan de la interacción entre la arrogancia occidental, la intolerancia islámica y la autoafirmación china.»[1]

Hoy disponemos de medios letales capaces de aniquilarnos unos a otros. El 11 de septiembre del 2001 nos hizo caer en la cuenta de que incluso las metrópolis más poderosas son vulnerables. Las guerras no solo estallan fuera de nuestro recinto seguro y confortable, sino que también pueden ocurrir dentro. Las religiones, o bien se ponen al servicio de ese nuevo paradigma que consiste en dejarse fecundar por la pluralidad, o se convertirán en una de las instancias que legitimarán el exterminio de unos contra otros en nombre de identidades blindadas.

I EL PROBLEMA DE LAS IDENTIDADES

Debido al roce forzado y acelerado entre las diversas comunidades humanas, las identidades se ven y se viven amenazadas. Ello despierta fuertes ansiedades, porque el sentido de pertenencia forma parte de una de las necesidades básicas del

---

1. Samuel HUNTINGTON, *El choque de civilizaciones y la reconfiguración del orden mundial* [1996], Paidós, Barcelona, 1997, pp. 217 y 247.

ser humano, la tercera en la escala de Abraham Maslow, después de las necesidades biológicas y de seguridad (la cuarta es la necesidad de autoestima, la quinta es la de autorrealización, y la sexta, la de trascendencia). En palabras de Simone Weil: «Arraigarse quizás sea la necesidad más importante e ignorada del alma humana [...]. Un ser humano tiene una raíz en virtud de su participación real, activa y natural en la existencia de una colectividad que conserva vivos ciertos tesoros del pasado y ciertos presentimientos de futuro.»[2] La imagen de la raíz es diversa de la del fundamento. La raíz es orgánica y está relacionada con el dinamismo de la vida. El fundamento —de donde se deriva el término *fundamentalismo*— más fácilmente se convierte en algo rígido, estático, monolítico. El instinto identitario es tan básico, tan constitutivo del ser humano, que llegamos a exterminar al otro cuando sentimos en peligro nuestra identidad. Esta es la tesis de Amin Maalouf,[3] escritor libanés en el que convergen diversas pertenencias: étnica y culturalmente semítico y árabe de habla; religiosamente de raíces cristianas y, más particularmente, de la Iglesia melquita; posteriormente, próximo al laicismo francés ya que vive en Francia desde hace años. Estas circunstancias le han hecho caer en la cuenta de que tenemos múltiples vínculos: la etnia, la nacionalidad, la comunidad lingüística, la confesión religiosa, la clase social, la profesión, incluso los clubs de ocio o de afición. Cuando uno de estos vínculos es puesto en cuestión, tendemos a defenderlo absolutizándolo, creamos alianzas extrañas e ima-

---

2. Simone WEIL, *Echar raíces*, Trotta, Madrid, 1996, p. 51.
3. *Cf.* Amin MAALOUF, *Identidades asesinas,* Alianza, Madrid, 1999. En francés: *Les identités meurtrières*, Grasset, París, 1998.

ginamos enemigos a menudo arbitrarios. Cuando se reduce la identidad a una sola pertenencia, la visión del mundo se distorsiona, creando un *nosotros* contra los *otros*. «Este sentimiento de actuar para la supervivencia de los más próximos [...] y de encontrarse en estado de legítima defensa es un rasgo común de todos los que han cometido los crímenes más abominables.»[4]

2   LA IDENTIDAD RELIGIOSA

Entre las diversas pertenencias, una de las más poderosas es la religiosa. Como se ha demostrado a lo largo de la historia, es capaz de impulsar las acciones más nobles pero también las más execrables. Según el análisis de Amin Maalouf,

> la pertenencia religiosa aparece como la pertenencia última, la menos efímera, la más arraigada, la única capaz de satisfacer muchas de las necesidades esenciales del hombre [...]; no podemos suplantarla de manera duradera por otras pertenencias tradicionales —como la nación, la etnia, la raza, ni siquiera la clase social—, que resultan más estrechas, más restrictivas y no mucho menos funestas.[5]

Es fundamental considerar y comprender la energía mental y psíquica que activan las religiones en su aportación al desarrollo de lo humano. Por un lado, es indudable que comparten muchos elementos de las identidades culturales, empezando por ser portadoras de la lengua en que están

---

4. *Ibid.*, p. 39-40.
5. *Ibid.*, p. 105.

escritos sus textos sagrados. En cada idioma están recogidos los elementos más específicos de un grupo humano, ya que en él están condensadas las referencias y los valores que constituyen el marco vital de una comunidad. Pero las religiones, más allá de vehicular una lengua, son un lenguaje integral sobre la existencia, constituido por tres elementos: unas creencias sobre la dimensión última e intangible; unas pautas de comportamiento que regulan la convivencia humana, y unos rituales que vinculan con el cosmos. Las religiones no solo interpretan el misterio inagotable de la vida y del ser, sino que también proponen unas normas de conducta muy precisas, así como acompañan las diversas etapas de la existencia ofreciendo unos ritos de paso desde el nacimiento hasta la muerte. De ahí que configuren toda una cosmovisión y una sensibilidad hecha de formas y sensaciones que se activan en celebraciones, cantos y músicas, vestimentas y arquitecturas, símbolos, gestos y rituales que determinan una forma de estar-en-el-mundo.

Todo ello cohesiona fuertemente el grupo que comparte esta constelación, lo cual conlleva inevitablemente una diferenciación con los que no pertenecen a él. Además, las identidades religiosas se caracterizan por algo que hace difícil la convivencia entre ellas: en tanto que se remiten a lo Absoluto, tienden a absolutizarse a sí mismas. Toda religión funda, desde el comienzo, una comunidad y, a la vez, una segregación. Si bien las identidades están inicialmente circunscritas geográficamente, cada vez más han dejado de ser territoriales para convertirse en cosmovisionales, de manera que en un mismo espacio, originariamente homogéneo, se da una gran diversidad interpretativa. Y ello es fuente de desasosiego.

3 TRES ETAPAS EN EL ENCUENTRO CON EL OTRO

La calidad del diálogo depende de la actitud que tenemos hacia aquellos que participan en el mismo, esto es, de la capacidad de acoger al otro. En latín hay dos maneras para expresar este otro de nosotros: como un *alius* o como un *alter*. Percibimos al otro como un *alius*, 'ajeno', cuando lo sentimos como una incomodidad, un estorbo, una amenaza que vencer, ignorar o exterminar. En cambio, cuando lo recibimos como una presencia portadora de un misterio que no podemos alcanzar, entonces ese *alter* se convierte en la alteridad que me libera de mi solipsismo, de quedar cerrado y atrapado por mi visión autocentrada del mundo y, en cualquier caso, siempre limitada.

En la actual situación de pluralismo, las naciones, las culturas y las religiones tienen planteado el mismo reto: cultivar la riqueza de la diversidad con el consiguiente respeto por las especificidades y, al mismo tiempo, crecer en el sentido de la común pertenencia a un todo más amplio, como es pertenecer a la misma familia humana.

Para comprender mejor el momento presente, podemos mirar hacia atrás y distinguir tres etapas en el lento encuentro con la alteridad, etapas que reflejan tres actitudes en nuestro encuentro con esos *otros* que son diferentes a *mí* y a *nosotros*.

a La etapa tribal-aislacionista

Durante milenios, las comunidades humanas han vivido encerradas en sus propios territorios. Sus referentes culturales y religiosos se gestaron como un todo completo y acabado al margen de los demás grupos. La verdad solo existía en y para la propia tribu, donde cada grupo tenía su propio dios que protegía de los demás dioses. En la mayoría de las culturas aborígenes, el nombre de la propia tribu coincide con el nombre de lo humano. Los que no pertenecen al propio grupo son, pues, considerados no-humanos. La propia convicción se afirma negando o ignorando la ajena, como si reconocerla supusiera una amenaza, una infidelidad o una traición a lo que se ha recibido del grupo. Se trata de un estadio centrípeto del proceso identitario todavía centrado sobre sí mismo.

b La etapa imperialista-expansionista

En un segundo período se produce un movimiento expansivo y centrífugo. La verdad en la que uno cree, la imagen de Dios y los valores que rigen para uno mismo se perciben universales y se busca comunicarlos. Esta irradiación da fuerza y sentido al grupo que transmite su cosmovisión porque se apodera de los demás al incluirlos en su mundo. Este período comenzaría con las grandes civilizaciones asiáticas y con el sueño panhelenista de un Alejandro Magno, relevo que fue tomado por el Imperio romano; después pasó a la civilización islámica, y tras siglos de somnolencia en Europa, volvió a activarse en el inicio de la era moderna con los descubrimientos marítimos y las colonizaciones occidentales. Desde el punto de vista religioso, el buddhismo, el cristianismo y el islam responden a esta mentalidad universalista. Se gana con respecto a la etapa anterior en que los otros son reconocidos como capaces de compartir la misma verdad, pero sin aceptar que pueda haber verdad también en ellos. En esta etapa absorcionista, la religión se expande con la espada, destrozando los vestigios de las creencias ajenas. Si algo sobrevive de ellas ha quedado abducido en la cultura o religión dominante, sin que sea reconocido por parte de esta como algo diferente a ella.

c La etapa pluralista

A partir de la segunda mitad del siglo XX, con la abolición de los regímenes colonialistas de África y Asia, con el desarrollo de la técnica y de los medios de comunicación, a lo que hay que añadir la liberalización del mercado, hemos entrado aceleradamente en la llamada *globalización* o *mundialización*. En esta nueva situación, nuestra percepción de la alteridad queda radicalmente afectada: ese *otro* extraño, ya sea por su etnia, cultura o religión, está en nuestras calles, en los productos que consumimos, en las imágenes que vemos, en las músicas que escuchamos, en las ropas que vestimos... Crece la conciencia de que el destino de una sola persona, de un grupo o de un pueblo nos afecta a todos. Nos hallamos ante una situación paradójica: aunque pugnan fuerzas uniformizadoras que tratan de imponer un modelo único, al mismo tiempo se ha despertado más que nunca la defensa de las minorías, porque ellas posibilitan la pluralidad.

Si ello supone un reto para las culturas, lo es también para las religiones. Considerándose cada una de ellas mediadoras únicas del Absoluto, están llamadas a abrirse las unas a las otras, a dejarse interpelar y fecundar. En esta situación de pluralismo han de aprender a convivir unas con otras en una nueva configuración planetaria que no solo es irreversible sino que todavía irá a más. No basta con soportar una pluralidad *de facto*, epocal o circunstancial, sino que hay que acogerla como pluralidad *de jure*, en tanto que característica constitutiva de la realidad misma. Tal sería el paso de la pluralidad de hecho al pluralismo como actitud. La aceptación cordial de que esta diversidad de religiones y cosmovisiones abre todas ellas a nuevas perspectivas sobre la vida, sobre la comprensión del ser humano y sobre el Absoluto. Ello implica pasar del paradigma aislacionista y expansionista al de la reciprocidad.

Estas tres etapas brevemente descritas no son cronológicamente sucesivas, sino que conviven en cada uno de nosotros así como en las culturas y en los grupos religiosos. En la mentalidad tribal, el otro es negado; en la mentalidad imperialista, el otro es absorbido; en la mentalidad pluralista, el otro es reconocido. En esta línea de reflexión Ryszard Kapuscinski, el célebre reportero y escritor polaco de alteridades, ha recordado que si bien «es cierto que el Otro a mí se me antoja diferente, igual de diferente me ve él, y para él yo soy el Otro».[6]

Lo dicho hasta aquí no es una descripción meramente sociológica, sino también teológica y antropológica ya que afecta radicalmente a nuestro modo de comprender a Dios y de comprendernos a nosotros mismos. Por ello es también *kairológica*: inaugura un *kairós*, un tiempo oportuno, un tiempo propicio para un mayor y nuevo conocimiento de Dios, de la condición humana y del planeta en el que vivimos, en el que dejarse interpelar, purificar y fecundar por los demás.

---

6. Ryszard KAPUSCINSKI, *Encuentro con el Otro*, Anagrama, Barcelona, 2007, p. 20.

4 LA EMERGENCIA DE UN NUEVO PARADIGMA

Nos encontramos solo al comienzo de un tiempo civilizatorio insólito, intuido por Karl Jaspers como una segunda *era axial*, donde la mutación de conciencia no se produciría aisladamente, sino masivamente. La primera *era axial* estuvo caracterizada por la aparición de individualidades excepcionales que entre el 800 y 300 antes de nuestra era nacieron simultáneamente en varios lugares del planeta: Confucio y Laozi en China; en la India, Gautama el Buddha y Mahavira, con los *rishis* que compusieron las Upanishads; en Persia, Zoroastro; en Israel, muchos de los grandes profetas; y en Grecia los filósofos y dramaturgos clásicos de los que aún vivimos.[7] En cambio, lo que es propio del tiempo presente es que

> la nueva época prometeica, la técnico-científica, tal vez lleve, a través de formas análogas a las organizaciones y planificaciones de las culturas más antiguas, a un segundo tiempo-axial, todavía lejano e invisible para nosotros, en el que se produzca la verdadera humanización de la especie humana. En la primera, cada evento, incluso en la forma de grandes imperios, era local, no decisiva para la totalidad […]. Pero ahora, lo que sucede es universal, lo abarca todo, sin limitarse exclusivamente a China, Europa o América.[8]

De una manera análoga, en el pensamiento de Teilhard de Chardin se contemplan dos tipos de crecimiento: el cuan-

---

7. Véase la recreación de este período en la obra de Karen ARMSTRONG, *La gran transformación*, Paidós, Barcelona, 2007.
8. Karl JASPERS, *Origen y meta de la historia* [1951], Selecta Revista de Occidente, Madrid, 1965, p. 48.

titativo y el cualitativo, el tangencial y radial.[9] Hablar de aumento de población y de traslación de culturas y religiones solo hace referencia a la cantidad y a un desplazamiento en horizontal por la superficie del planeta. Pero podemos esperar que el aumento cuantitativo y estos desplazamientos espaciales propicien un crecimiento cualitativo y en profundidad gracias a la fecundidad de las relaciones que se puedan llegar a establecer. Sin embargo, este salto de conciencia no es evidente ni está ganado de antemano, porque el roce de la interrelación parece que produce sobre todo irritación y crispación.

Ante esta situación es natural que haya miedo a perder el contorno de la propia identidad y ello explica los movimientos fundamentalistas. Son reacciones de defensa frente al temor a que se diluya el suelo que se pisa. No podemos juzgar el miedo del otro, sino que nos hemos de esforzar por comprenderlo. Cada persona y cada comunidad se hallan en un momento diferente de su desarrollo y ello tiene repercusiones en las diversas capas de la conciencia. Las religiones no solo organizan constelaciones de sentidos, sino también de sensibilidades. Valga el siguiente testimonio de un musulmán tunecino en una reunión sobre el diálogo interreligioso convocada en Roma hace pocos años. Explicó que preparándose para ese encuentro, deseó participar en una misa católica y entró en una iglesia. En el momento de la comunión se imaginó a sí mismo que se levantaba y se acercaba a recibir el pan consagrado. De pronto, sintió un irrefrenable impulso de vomitar. Las células de su cuerpo y

---

9. *Cf.* Pierre TEILHARD DE CHARDIN, *El fenómeno humano*, Taurus, Madrid, 1965.

su subconsciente se resistían a hacer un acto que su tradición considera blasfemo: pretender comer a la divinidad. Se dio cuenta de que había ido demasiado rápido. Meses más tarde volvió a entrar en una iglesia y en el momento de la comunión volvió a imaginarse en la cola de los comulgantes. Esta vez se sorprendió a sí mismo pronunciando la llamada oración abrahámica, que se recita al final de cada oración ritual (*salah*) para invocar la bendición de Dios sobre todos los hijos de Abrahán.[10] Este relato ilustra perfectamente cómo todo cambio requiere un proceso. No todo el mundo ni todas las comunidades se encuentran en el mismo momento de maduración aunque coexistimos en el mismo tiempo histórico. Todavía hay muchas personas y comunidades que viven la pluralidad como una amenaza. La apertura no puede hacerse antes de tiempo. Antes hay que consolidar la etapa de arraigo y de afirmación de los propios referentes.

Aquí es donde las religiones y las tradiciones espirituales tienen mucho que aportar, porque si bien son generadoras de identidades, también ayudan a trascender la referencia egoica hacia la conciencia de un todo más amplio y universal. Cuando solo estamos pendientes de nuestra existencia —individual o grupal— estamos en los estadios más primitivos de una vida regida todavía por un instinto, que gira feroz en torno de sí misma. El signo del crecimiento es la apertura al otro. Cuanto más profunda es la experiencia religiosa, más posibilita el trascendimento de la propia identi-

---

10. *Cf.* Adnane MOKRANI, «Le dialogue interreligieux comme chemin spirituel», intervención en un encuentro de la Unión Internacional de Superiores Mayores en Roma, 6-10 de mayo del 2007.

dad, tan personal como colectiva. Aquí es donde requerimos el horizonte de la mística. Las religiones han de conducir a los humanos hacia un misterio siempre más grande que las desplaza incesantemente más allá de sí mismas. La verdadera experiencia religiosa empuja a dar pasos sin miedo a perderse en un horizonte que aún no conoce y lo libera de la autorreferencia. Esta superación permite beber de unas fuentes más amplias y más profundas que únicamente las de la propia tradición, fuentes que son interreligiosas y transreligiosas.

5 LOS TRES TIEMPOS DEL VIAJE A LA ALTERIDAD

La experiencia de encontrarse con el diferente puede compararse con un viaje, con un éxodo hacia la alteridad. Se trata de un desplazamiento en tres tiempos:

1. En primer lugar, partimos de casa. *Casa* significa todos los valores, lenguaje, hábitos y creencias que tenemos y que nos estructuran desde dentro.[11] Esta identidad nos constituye desde la raíz. No lo sabemos porque todavía no hemos salido de nuestro mundo y no conocemos otro. Pensamos que el mundo es como nuestro mundo. Huston Smith, el gran historiador de las religiones, llega a decir que quien solo conoce su religión no sabe lo que es la religión.

---

11. Me remito a las reflexiones sobre el significado de *casa* en Josep M. ESQUIROL, *Uno mismo y los otros*, Herder, Barcelona, 2005, pp. 23-30. Es particularmente sugerente la larga cita que incluye de Vaclav Havel, que proviene de *Meditaciones estivales*, Galaxia Guttenberg, Barcelona, 1994, pp. 22-23.

2 Cuando nos ponemos en ruta y nos encontramos con el otro, se produce un extrañamiento. El otro, *alter*, me altera, me confronta con lo desconocido. Lo desconocido asusta a los humanos. La lengua que hablábamos no nos sirve, los hábitos incorporados resultan un estorbo, los criterios obvios de comportamiento tampoco son compartidos en el país receptor. Esto nos crea incomodidad o también fascinación. Asusta y fascina al mismo tiempo. En ambos casos se generan comparaciones asimétricas: ante el espanto, nos ponemos a comparar lo mejor de lo propio con lo peor de lo ajeno; ante la fascinación se produce lo contrario: comparamos lo mejor de lo ajeno con lo peor de lo propio. En ambos casos se trata de reacciones inmaduras porque todavía no se da el verdadero encuentro con la alteridad, sino con la imagen deformada —por defecto o por exceso— que me hago del diferente a mí. El encuentro auténtico y el verdadero diálogo suceden cuando en lugar de imaginar al otro, engrandeciéndole o denigrándolo, dejo que hable por sí mismo y revele su mundo, en lugar de proyectar mis miedos o idealizaciones sobre él. Solo así puedo abrirme a más realidad, más allá de mis proyecciones. Entonces, a través de la palabra y atravesando la palabra (*dia-logos*) se produce la revelación de lo diferente, en este caso, de las creencias en las que el otro cree, aquellas que le nutren, le guían, le iluminan y le hacen crecer hacia la vida y el Misterio, del mismo modo que él aprende a escuchar las mías. Porque no puedo olvidar que yo soy *el otro* para él.

3   El tercer paso es el regreso a casa. El que vuelve no es el mismo que se fue. Algo nuevo se ha introducido sin que se deje de ser el mismo. La propia identidad no ha sido destruida, tal como no perdemos nuestra lengua o nacionalidad por el hecho de aprender otras lenguas o conocer otros países, pero sí que hemos dejado de tener las pretensiones infantiles de creer que teníamos las mejores montañas, los mejores lagos o las más bellas costas del mundo. Simplemente tenemos lo nuestro, como los otros tienen lo suyo, y más allá de lo mío, lo nuestro y lo suyo, vamos descubriendo que nada pertenece a nadie y, a la vez, que pertenece a todo ser humano que ha nacido sobre la tierra.

Estos tres tiempos están presentes en todo encuentro con el diferente. Se nos llama a vivir el tiempo presente con todas sus posibilidades, al tiempo que aprendemos a aceptar con realismo y madurez las luces y las sombras, nuestras y ajenas, del pasado y del presente, sin absolutizar nada, sino en actitud de apertura para avanzar y para aprender.

Se trata de impulsar una verdadera *metanoia* —una transformación de la mente, del corazón y de la sensibilidad— para autocomprenderse y comprender al otro de un modo diferente. Las identidades religiosas se han basado demasiado en el exclusivismo y este instinto está todavía muy arraigado. Hay que llegar a una nueva forma de vivir las pertenencias que comporte la veneración del que es diferente en lugar de simplemente soportarlo. Hay que llegar a descubrir que necesitamos del otro para comprendernos a nosotros mismos. No somos sin los otros. Necesitamos esta diferencia para crecer y abrirnos a más realidad. La diversidad es una característica divina, humana y cósmica en la medida en que la vida se expresa en todos los campos con una profusión de variedades y una prodigiosa plasticidad de formas y manifestaciones. Del mismo modo que en la naturaleza existe la *biodiversidad* y velamos por ella, también debe existir la *hierodiversidad*, la diversidad de lo sagrado. Se trata de una conversión al hecho mismo de la alteridad. Supone la capacidad de reconocer la verdad y existencia del propio camino sin negar el camino ajeno; al contrario, celebrándolo.

Todo ello implica desarticular fronteras y propiciar la reconciliación entre las comunidades. De ahí la necesidad de paciencia y de inteligencia, dos virtudes propias de las tradiciones espirituales. Se necesita paciencia porque estamos ante procesos largos que requieren una lenta transformación de mentalidades hechas de miedos ancestrales y de heridas reales; y se necesita inteligencia porque en esta compleja interrelación de causas y efectos debemos aprender a leer entre líneas la gestación de estos procesos para identificarlos y aligerarlos, liberando las fuerzas de vida y descartando las pulsiones de muerte que se interponen. Se requiere mucha finura para captar las energías más nobles y desplegarlas.

6 LOS EFECTOS DEL ENCUENTRO

Todavía podemos introducir otra tríada en los efectos que deja el encuentro con la alteridad.

I. LA DIFÍCIL ALTERIDAD

a Purificación

Entrar en contacto con el legado espiritual y de sabiduría de las demás tradiciones purifica la propia herencia. Al acercarnos unos a otros descubrimos que la luz que procede del otro no nos ciega sino que nos permite descubrir aspectos de nuestra tradición que se habían enquistado. La interrelacionalidad ayuda a dejarse cuestionar posibilitando una sana autocrítica. No hay razón para estar a la defensiva porque no hay nada que tenga que ser defendido ni nada que se pueda defender. La verdad no es un territorio blindado sino un horizonte siempre por descubrir. La primera y más radical purificación que produce el encuentro interreligioso es desactivar la tentación de apropiación del Absoluto ayudando a descubrir que toda usurpación es idolatría.

b Fecundación

Esta purificación conlleva una fecundación a partir de los vislumbres que llegan de las demás perspectivas. Podemos incorporar de ellas acentos o comprensiones que hasta ahora no habíamos tenido en cuenta, sin que ello suponga perder el núcleo fundamental de la propia tradición. Ello permite explorar territorios que existían pero que estaban descuidados. Por ejemplo, la oración cristiana, en sus primeras fases, está vertida en palabras y en textos a costa de un olvido del cuerpo y del silencio. Las Iglesias cristianas pueden aprender de las tradiciones orientales la importancia de incorporar ese silencio desde el comienzo y atender al soporte corporal. Por su parte, las tradiciones orientales pueden recibir de las proféticas una interpelación más aguda por el compromiso social. A su vez, las tradiciones aborígenes nos recuerdan que no estamos solos en la tierra sino que la compartimos con otros seres vivientes que hay que aprender a respetar y venerar. Todo ello no afecta al contenido de las creencias particulares sino al modo de asimilarlas.

c   Hacia síntesis superiores todavía por realizar

Pero no solo es cuestión de purificarnos y de que mutuamente nos fecundemos. Estamos llamados a que se den síntesis superiores aunque no sabemos cómo se van a producir. *Síntesis* no es lo mismo que *mezcla*. La mezcla es un subproducto tóxico de elementos heterogéneos que se precipitan en un conglomerado menor. Cuando se habla de sincretismo se teme que esa fecundación se produzca a costa de diluir los elementos originarios, de manera que al final no es ni una cosa ni otra, perdiendo así la coherencia interna de cada tradición. En cambio, la síntesis supone que esa combinación nueva de elementos produce una mayor profundidad y amplitud de perspectivas. Estas síntesis han estado presentes en el desarrollo de todas las religiones. Cada una de ellas es el resultado de complejas sedimentaciones que han madurado lentamente con el paso del tiempo, en torno a un núcleo fundante específico. En función de estos núcleos y en coherencia con ellos, los elementos heterogéneos han sido reconfigurados. Así, por ejemplo, los relatos babilónicos de la creación fueron incorporados a la tradición hebrea durante su época en el exilio de Babilonia, donde entraron en contacto con las religiones autóctonas; del mismo modo, la figura del mesías, así como los ángeles y los demonios proceden del zoroastrismo. También muchas de las festividades cristianas fueron tomadas del entorno que consideraban pagano y sin embargo consiguieron integrarlas.

Todo esto implica tomar conciencia de que las identidades no están constituidas de una vez por todas, sino que se están haciendo en cada momento, desde la interrelación y la reciprocidad. Se trata de ir hacia identidades porosas que darán pie a diversos tipos de mutaciones que ahora desconocemos, aunque algunas las podemos intuir. En algunos casos se habla de plurilingüismo religioso, que no es, repito, sincretismo o mezcla de religiones, sino la capacidad de identificarse simultáneamente con dos o más tradiciones diversas, del mismo modo que se puede hablar varias lenguas con corrección sin mezclarlas.[12] Andrés Torres Queiruga, filósofo y teólogo gallego, llega a decir que del mismo modo que se habla de *inculturación*, en el sentido de que la cultura original de una religión debe dejar paso a las características culturales en las que arraigue esta religión, también se puede hablar de *inreligionización*.[13] Una religión puede adoptar elementos de otras sin que por ello se desnaturalice, sino que quede enriquecida al transformar los nuevos elementos según el receptáculo que los acoge. En el buddhismo, la emergencia de un nuevo modo de configurarse las enseñanzas del Buddha en Occidente hace que se empiece a hablar del *Euroyana*, el «Vehículo Europeo», tal

---

12. Me remito a Ana María SCHLÜTER, «Bilingüismo religioso», en Javier MELLONI (ed.), *El no-lugar del encuentro religioso*, Trotta, Madrid, 2008, pp. 155-168.

13. *Cf.* Andrés TORRES QUEIRUGA, *Diálogo de las religiones y autocomprensión cristiana*, Sal Terræ, Santander, 2005, pp. 122-144.

y como existen el *Hinayana*, el *Mahayana* y el *Vajrayana* tibetano. Estos casos son un ejemplo de la emergencia de una realidad que requiere de nuevos lenguajes para identificarla y propiciarla.

Alentando el indiscutible valor de la diversidad que respeta la irreductible alteridad que nos enriquece, con el mismo vigor abogamos por los procesos que tienden hacia la unidad. En los foros interreligiosos están latentes los dos modelos: el universalista, que concibe un horizonte común en el que acabarían confluyendo las diversas tradiciones de la tierra; y el modelo pluralista, que considera la irreductibilidad de cada tradición y para el cual la especificidad es una riqueza que se ha de mantener y cuidar hasta el final, porque la diversidad es un valor intrínseco de la vida. Tal es la postura de un personaje relevante como el Dalai Lama, el cual dice claramente:

> Siempre he pensado que es preciso que existan tradiciones religiosas diferentes porque los seres humanos tienen disposiciones mentales distintas. Una religión no puede satisfacer a un gran número de individuos, por lo que es preferible mantener el pluralismo a pesar de los numerosos conflictos nacidos en nombre de la religión [...]. En el mismo buddhismo percibimos una pluralidad de enseñanzas de Buddha, el cual enseñó una doctrina llamada *de las ochenta y cuatro mil puertas*.[14]

En cambio, Ramon Llull, precursor en el siglo XIII del diálogo interreligioso en el Mediterráneo, se inclinaba por el modelo universalista:

---

14. DALAI LAMA, *Mi biografía espiritual*, Planeta, Barcelona, 2010, pp. 96 y 102.

I. LA DIFÍCIL ALTERIDAD

> ¡Qué gran felicidad fuera esta, que pudiéramos estar todos los hombres que existimos bajo una misma ley y una misma creencia! ¡Que no hubiera entre los hombres el rencor ni la mala voluntad que se interponen a causa de la diversidad y la oposición de creencias y de sectas! Y que así como hay un solo Dios, Padre, Creador y Señor de todo lo que existe, todos los pueblos existentes se unieran en uno solo. ¡Y que estuvieran todos en el camino de la salvación y que todos juntos tuvieran una sola fe y una sola ley, y tributasen gloria y alabanza a Dios nuestro Señor![15]

También Nicolás de Cusa, en 1453, después de la caída de Constantinopla a manos de los turcos, soñó con una religión universal que tuviera su sede en Jerusalén y que desde allí velara por la paz del mundo.[16]

En cualquier caso, en ambos modelos se atisba que esta comunión de las religiones —bien sea acentuando la unidad o la diversidad— tiene que ser alcanzada en una síntesis superior.

---

15. Ramon LLULL, «Pròleg» al *Llibre del gentil e dels tres savis* [1274], citado por Amador VEGA, *Ramon Llull y el secreto de la vida*, Siruela, Madrid, 2002, p. 169.
16. *Cf.* Nicolás DE CUSA, *La paz de la fe*, Tecnos, Madrid, 1999.

II

COMPARTIR PLENITUDES EN LUGAR DE COMPETIR ENTRE TOTALIDADES

> *Mucho he reflexionado sobre religiones*
> *para poder comprenderlas.*
> *Creo que todas derivan de una única fuente*
> *con múltiples ramas.*
> AL-HALLAJ (SIGLOS IX-X)

LA APERTURA A LA DIFÍCIL alteridad permite una nueva autocomprensión de cada religión e inaugura una nueva relación entre ellas. Vamos a explorar el cambio de actitudes que implica este encuentro.

1 CUANDO LA PLENITUD SE CONFUNDE CON LA TOTALIDAD

Las religiones son receptáculos de una plenitud que ha sido vertida en ellas y que tratan de custodiar. Pero al custodiarla se pueden hacer insolentes. Por miedo a perderla, la blindan, y al no saber qué hacer con tanta densidad, la lanzan sobre las demás sin atender a lo que ellas ya contenían. El problema del ser humano es que siendo *capax Dei*, a la vez es incapaz de soportar demasiada realidad. Las revelaciones de las religiones son anticipaciones de realidad que experimentamos como un exceso de luz a nuestros ojos todavía ciegos. Este deslumbramiento puede convertirnos en seres agresivos en el momento en que caemos en la tentación de apropiárnosla. La apropiación de esta plenitud se convierte en totalitarismo. La totalidad, en el lenguaje de Emmanuel Lévinas, es la reducción y el cierre de una infinitud que se abre ante nosotros.[1] La plenitud del Infinito, en cambio, nos es dada. La totalidad es una construcción nuestra. Es la catedral —la sinagoga, la mezquita o la pagoda— convertida en prisión.

Las religiones se hacen indigestas —no solo indigestas, sino sumamente peligrosas— cuando pretenden apoderarse del Absoluto. Porque les ha llegado un destello de Aquello, piensan haberlo agotado. El Infinito agotado es esta totalidad blindada, agresiva y oscura, pernicioso producto que nuestra generación no tolera porque ha producido demasiado víctimas.

Se reconoce que una plenitud ha sido reducida a totalidad por la crispación con que se defiende. Lo propio de la plenitud es la apertura, el agradecimiento, la invitación. Lo propio de la totalidad es la cerrazón, la exigencia, la imposición. Las totalidades solo pueden competir entre ellas porque se discuten un espacio chato construido por ellas mismas. No se reciben a sí mismas de lo Supremo sino que lo usurpan, cuando solo se les había mostrado un escalón, un resquicio.

Cuando lo que se comunica es una totalidad, solo hay exterminio o absorción del otro. No hay ninguna posibilidad

---

1. *Cf.* Emmanuel Lévinas, *Totalidad e infinito* [1971], Sígueme, Salamanca, 1990.

de escuchar lo diferente. En estos parámetros, la misión es una ofensa, una violación.

2 CUANDO EL PRINCIPIO SE CONFUNDE CON EL FINAL

Las religiones conocen el primer escalón hacia esta plenitud que se les ha permitido entrever. Pero el primer escalón no es toda la escalera. ¿Quién sabe cuántos accesos tiene? ¿Quién conoce en cuantas escalinatas se difracta? La misión se convierte en propaganda ilegítima cuando exige a los demás que suban por los mismos peldaños de una única grada. Es cierto que en el inicio es donde se juega la correcta dirección, porque los grados de la desviación van aumentando a medida que se recorre el trayecto. Cuanto más largo es, más puede desviarse de la meta. Pero ¿cuál es la meta? La tierra pura de un yo descentrado de sí mismo que se hace capaz de acoger y de entregarse sin devorar, porque sabe que proviene de un Fondo inalcanzable al que todo vuelve sin haberse separado nunca de él.

Las formas de las montañas son diversas, y en ello está la belleza de las cordilleras, pero la nieve cae a la misma altura en todas ellas. El contorno es diverso pero la nieve que las cubre es la misma. Lo que importa es que se produzca la ascensión y que, a medida que se va ascendiendo, aparezcan horizontes que no se asomaban al principio. También Moisés comenzó atraído por la zarza que ardía sin consumirse (Ex 3,2-3) y al final de la vida se encendió todo él (Ex 34). ¿Por qué esta llama debería arder solo en los matorrales de una montaña? Es cierto que los humanos somos hijos de la forma y necesitamos un referente concreto que nos permita adentrarnos en esta realidad que contiene a todas las formas y que, a su vez, está más allá de ellas. La silueta del comienzo sirve para iniciar el camino que permita orientarnos. Pero con la forma empieza el reino de la diferencia y con ella se inicia también la disputa. Solo a medida que se avanza esta forma se va interiorizando y se descubre que puede adquirir otras manifestaciones.

Esto no contradice que cada tradición considere que hay determinadas personas, momentos y lugares con más capacidad teofánica que otros, y es natural que se identifique con ellos, mientras no los convierta en exclusivos ni excluyentes. Sirven de detonantes, de estimuladores, pero, después, lo que es exterior a ellos debe ser interiorizado. De otro modo siempre estamos delegando a los demás lo que se ha de gestar en cada uno.

Lo que atrae de Cristo a los cristianos, del Corán a los islámicos, de la Torah a los judíos, de los Vedas a los hindúes o de Buddha a los buddhistas es el abismo de luz, el derramamiento de ser que se desprende de ellos y el camino que proponen para mantenerse en estado de apertura.

3 CUANDO LA CERTEZA SE CONFUNDE CON LA SEGURIDAD

El horizonte interreligioso nos atrae y nos retrae a la vez. Nos atrae porque intuimos que posibilita y abre horizontes para un encuentro que nos enriquece a todos. Nos retrae porque relativiza unas formas que hasta ahora habíamos considerado absolutas. Caen las seguridades de determinadas pautas, normas y formulaciones. Si nuestras formas no son las únicas para encontrarse con el Absoluto, parece que se debilite el sentido que tenían y que se agote el impulso de la misión.

Todo depende de lo que hemos depositado en ellas y lo que nutría la motivación para irradiar y transmitir nuestra fe particular. Es conocido el proverbio chino: «Cuando el sabio señala la luna, el necio se queda mirando el dedo.» Lo importante no es el dedo, sino la dirección que indica. Inicialmente necesitamos una mediación que nos oriente por dónde empezar, pero a medida que vamos avanzando, es tarea de todas las religiones que sus seguidores sean capaces de interiorizar las mediaciones que ofrecen y que vayan ganando en libertad y profundidad, de manera que podamos ir más allá del dedo porque hemos hecho nuestra su dirección. El salto del dedo a lo que queda por recorrer es el paso de las seguridades a las certezas, el tránsito de las referencias externas a las internas, paso que está contemplado en el interior del recorrido de todas las prácticas espirituales. Esto no significa que se deban abandonar las mediaciones externas, pero sí que va cambiando la manera de vivirlas. Cada religión ofrece amables y, a la vez, exigentes vehículos que nos sirven para realizar este proceso de personalización de la fe, pero con la conciencia de que son mediaciones que pueden cambiar con el tiempo y los lugares, porque lo importante es seguir haciendo el camino de transformación. Sin embargo las cosas son más complejas, porque como los vehículos han sido concebidos para cada camino, cambiar de vehículo parece que implique cambiar de vía. Lo importante no es si cambiamos de camino sino de dirección.

La dirección que no ha de variar, aunque se cambien los vehículos y los caminos, es el progresivo descentramiento del yo, tanto personal como comunitario, hacia una realidad más amplia que se desarrolla en una triple dirección: hacia el misterio de la Ultimidad de donde provienen todas las cosas, hacia la sacralidad de la alteridad, y hacia la reverencia del mundo y de las cosas. Esta es la única certeza y el único discernimiento: ir convirtiendo nuestra existencia en receptividad y donación. La misión no es, entonces, una propaganda de las propias mediaciones, sino una irradiación y un estímulo para que cada uno descubra cómo, a partir de su tradición, puede crecer más allá de sí mismo en estas tres dimensiones.

4 CUANDO EL ICONO SE CONFUNDE CON EL ÍDOLO

El bagaje conceptual y simbólico que presenta una religión madura no es idolátrico, sino icónico. Lo que ofrece cada tradición son unas determinadas formas y referencias de *religación*, pero sin estar cerradas en sí mismas, sino que remiten más allá de ellas. Tal es la diferencia entre el ídolo (*eidolon*) y el icono (*eikon*). Ambas significan 'imagen' en griego, pero en direcciones opuestas: el ídolo es una imagen saturada, poseída y posesiva, referida a sí misma, mientras que el icono es solo una insinuación, un camino, una ventana que se abre al infinito, desapareciendo ella misma una vez se ha pasado a través de ella. La iconización desapropia, mientras que la idolatración retiene. La iconización expande, mientras que la idolatría crispa. La iconización abre a la alteridad, tanto de Dios como de los demás, haciendo que las diferentes religiones puedan mirarse mutuamente con confianza al dejar de tener una relación posesiva con el trascendente.

Cuando las religiones transmiten su riqueza y su sabiduría desde esta desposesión, generan confianza. Lo que entonces ofrecen son pautas, orientaciones y criterios de discernimiento para que cada uno profundice sus convicciones. La certeza esencial que transmiten las religiones —y que es común a todas ellas— es mostrar que el propio yo no es la medida de todas las cosas, sino que pertenece a un Todo mucho más amplio. Esta liberación de la tiranía del ego es lo que más específicamente pueden aportar las religiones, al facilitar a cada creyente unos vínculos con cuya Fuente recibe su existencia, a la vez que se abre a la comunidad humana y al cosmos, tal y como repetiremos incansablemente.

Adoramos ídolos y nos sometemos a ellos cuando los tenues rasgos de lo que atisbamos se convierten en simplificados trazos y en borrones que nos impiden ver más allá de lo que hemos visto. Satisfechos con lo que hemos entrevisto, nos instalamos y quedamos retenidos. Detenidos, reducimos el Misterio y nos autoimpedimos crecer hacia él, tanto como lo impedimos a los demás. Las palabras más duras de Jesús de Nazaret fueron dirigidas a aquellos que se interponían entre Dios y la fe de la gente.[2]

Lo propio de los ídolos es producir víctimas. Las víctimas se crean cuando la fe queda encarcelada en unos determinados parámetros. Se ha hablado de las religiones como catedrales semióticas.[3] Son catedrales cuando se presentan como espacios de realidad que ofrecen una evocación de infinitud

---

2. *Cf.* Mt 12, 9-14. 25-37; 15,1-20; 16,5-12; 21,23-46; 23,1-12, y *passim*.
3. *Cf.* Juan MARTÍN VELASCO, «Revelación y fe desde la perspectiva de las ciencias de las religiones», en CÁTEDRA CHAMINADE, *Fe*, Fundación Sta. María – PPC, Madrid, 2005, p. 184.

por descubrir. Espacios simbólicos que convocan, dan cobijo y ponen palabra e imagen al Misterio. Pero la arquitectura simbólica de cada religión se convierte en una prisión cuando no deja salir ni entrar por la región de la realidad que ella delimita. Entonces la misión se convierte en una lucha por implantar cuantas más cárceles semióticas posibles en un territorio, propio o ajeno. Ante tal espectáculo, muchos se retiran, porque se sienten violentados por una sumisión en la que no se reconocen. Si, en cambio, estos espacios se presentan como posibles —pero no únicos— retazos del Infinito que en ellos toma forma, podrán sobrevivir a los tiempos que vivimos. Si sus vitrales, cenefas y caligrafías se presentan como brechas hacia más vida, hacia más realidad, hacia más humanidad, las catedrales, mezquitas, templos y pagodas serán frecuentados. Si crean víctimas crispadas y enrojecidas por sus propios dogmas y absolutismos, las generaciones presentes y venideras querrán que sean derribadas.

5 CUANDO NUESTRAS PALABRAS SE CONFUNDEN CON LA PALABRA

Si las imágenes pueden ser reducidas a ídolos, también la palabra religiosa puede convertirse en charlatanería o en arenga. Las palabras contenidas en los diversos textos canónicos son sagradas porque se consideran salvíficas. Salvan porque son receptáculo de una profundidad que no procede de los gritos y balbuceos egocentrados. Tal palabra libera porque interrumpe nuestro flujo mental, lo detiene para abrirlo y elevarlo de nivel. El problema radica en que tenemos tendencia a exclusivizar lo que hemos recibido y reducimos su significación a nuestra autorreferencia. Las religiones se sienten en la obligación de transmitir el mensaje que se les ha confiado, pero al mezclarlo con sus giros apropiatorios pierden su inocencia así como la capacidad de autocuestionarse.

Al blindar la Palabra en defensa propia deja de ser sagrada. Es absorbida en la memoria del grupo con el riesgo de domesticarla y de convertirla en propaganda. Y la propaganda no es inocente. Busca al otro no por sí mismo, gratuitamente, sino por lo que revierte de poder, prestigio o autocomplacencia. La misión se convierte entonces en griterío y en invasión ideológica y cosmovisional del espacio ajeno. Se desata un combate de creencias y argumentos que nada tiene que ver con la transmisión de un mensaje liberador. Solo cuando esta Palabra ha transformado a quien la ha recibido se puede ser vivificante y ayudar a que cada uno se reencuentre consigo mismo y entre en contacto con la Ultimidad que lo habita. No se trata de ir llenando vacíos —que siempre son los de los demás— sino de desvelar plenitudes, propias y ajenas.

6 CUANDO EL *KERIGMA* SE CONFUNDE CON EL PROSELITISMO

La dimensión misionera de las religiones no tiene nada que ver con el proselitismo. No se trata de ganar adeptos para ninguna causa, sino de irradiar la causa que causa todas las causas: que la vida es un don que crece con la donación que de ella hacemos. Esta luz no es ciega ni nos ciega, no es sorda ni ensordece, sino que es apertura capaz de percibir cómo brotar de cualquier forma de existencia vivida desde la donación. Nada impide que los demás alcancen su encuentro con la Ultimidad a través de mediaciones que no son las nuestras. No reconocerlo es negarles su verdad y humillarlas, de la misma manera que nosotros nos sentimos molestos cuando desde otra religión se nos niega que podamos alcanzar a Dios y alcanzarnos a nosotros mismos a partir de nuestra tradición.

El paradigma interreligioso que apenas se está inaugurando supone el aprendizaje de la reciprocidad. Ello no impide que se comunique el propio mensaje con tal de que la manera de hacerlo no prive de que las otras tradiciones también lo hagan. De esta manera nos podemos ayudar unos a otros en esta llamada común a la conversión, que no consiste en cambiar de religión, sino en la renovación del impulso que nos hace salir de nosotros mismos hacia la profundidad del Misterio, hacia la alteridad del hermano, aprendiendo a caminar sobre tierra sagrada, desplegando así la realidad cosmoteándrica. En el caso del cristianismo, la fe en la encarnación de Dios en el ser humano es lo que nos permite escuchar cómo otras tradiciones conciben, celebran e impulsan este triple descentramiento, que es lo que nos salva de quedar asfixiados en nosotros mismos.

7 CUANDO SE COMPARTEN PLENITUDES EN LUGAR DE COMPETIR ENTRE TOTALIDADES

La plenitud no se posee: se irradia. Es generadora de dinamismos que se despliegan en dos direcciones: *ad intra* y *ad extra*, el polo centrípeto y el polo centrífugo de toda teofanía. El *ad intra* transforma a las personas y las comunidades que la viven; el *ad extra* constituye la comunicación y el contagio a otros de esta vida interna —personal y colectiva— que ha sido fecundada. Cuando es así, la misión no es invasora sino posibilitadora de las capacidades ajenas; no devasta sino que suscita lo mejor que hay en los demás. La plenitud no puede renunciar a su irradiación, del mismo modo que la luz no puede dejar de iluminar. Le es una acción intrínseca, su resultado concomitante. Es la vida reverberando desde su propio fondo.

Todas las religiones son, de una manera u otra, misioneras, y actualmente se han extendido por todo el planeta. Ya no estamos en el origen de ninguna de ellas. Nos encontramos en un espacio común, que es la tierra, una *oikomene*, una 'casa habitada' cada vez más poblada. Somos un planeta con múltiples epicentros, múltiples polos de irradiación repartidos por cada rincón, por cada barrio de esta gran metrópoli planetaria. En esta *ecumene*, debemos aprender a escucharnos, a no cegarnos mutuamente ni luchar por apagar la luz que nos molesta o contradice, sino que es urgente que aprendamos a iluminarnos conjuntamente. Tenemos que aprender a encender juntos el fuego que caliente la tierra, que arda sin destruirla. No se trata de discutir por la verdad, sino de conspirar juntos por ella; no se trata de competir por nuevos territorios, sino que es tiempo de construir juntos espacios verdaderamente humanos, de labrar juntos terrenos sagrados que hagan habitable el planeta.

Desde un solo camino, ¿cómo se puede pretender anular el camino de los demás cuando apenas conocemos el nuestro? Solo estamos al inicio de cada recorrido hacia la profundidad que nos convoca. Poco a poco vamos comprendiendo que las diversas religiones son radios hacia el mismo centro del que dimanan cada uno de los caminos y al que solo se puede acceder por medio del propio descentramiento, tal como el Centro se ha descentrado para dar existencia a cada uno de los recorridos. Solo caminando descentradamente es como se puede llegar el Centro. A la vez, accediendo al Centro es como se acercan todos los caminos.

Caminar descentradamente para alcanzar el Centro desde cualquiera de los caminos que hoy se abren ante nosotros significa exponerse a la intemperie y celebrar la diferencia. En este adentrarse hacia el núcleo hay que correr el riesgo de dejar las seguridades del territorio conocido, si estas seguridades impiden hacer ruta con otros caminantes que llegan a partir de su propio radio hacia el punto de convergencia.

Desde esta perspectiva, todas las palabras son potencialmente sagradas. Tal actitud de apertura requiere discernimiento, que es todo lo contrario del prejuicio. Supone la abstención de toda forma de juicio que proceda de una razón altiva, para dejar paso a la escucha de los dinamismos transformadores de lo Invisible. Solo desde esta mutua atención *discreta*, esto es, «que discierne», podemos afinar los mensajes que transmitimos y podemos estimularnos en la tarea de ser más humanos. Cada tradición tiene su propio lenguaje de reconocimiento del otro. En el islam se habla de las *religiones del Libro*,[4] según lo cual estas se conciben como receptáculos de sucesivas revelaciones que no quedan reducidas a las bíblicas, sino que incluyen a toda tradición religiosa que esté abierta a la trascendencia liberando de la

---

4. *Cf. Corán* 5, 46-48, 6, 83-89, 157, 9, 111, 10, 94, 11, 17, 13, 36, 38 y *passim*.

idolatría, entendiendo por idolatría el hacer un absoluto de las propias construcciones mentales y afectivas. El judaísmo, al entrar en contacto con el helenismo, consideró que la alianza con Noé (Gn 8 y 9) era un pacto más universal que la alianza particular con Israel y que por medio de ella también se podían salvar los gentiles. Siete son las leyes *noájidas* o mandamientos *noájicos*: no practicar idolatría, no blasfemar, no derramar sangre, no cometer pecados sexuales, no comer animales vivos, establecer un sistema legal y practicar la justicia.[5] En el cristianismo, Jesús proclama la salvación de todos aquellos que han vivido en donación, atentos a las necesidades de los demás, independientemente de cuál sea el nombre por el que lo hayan hecho (Mt 25). En las religiones orientales la categoría inclusiva viene dada por el respeto al *Dharma*: veracidad, no violencia, pureza de pensamientos, de palabras y de acción, etc., más allá del sistema de creencias que se profesa. Esto no implica absorber a los otros en las propias categorías, sino reconocer en ellos lo que es más preciado para mí.

8 CUANDO SOMOS CAPACES DE RECIBIR LOS TEXTOS DE LOS DEMÁS

Hoy tenemos la oportunidad de compartir el gran legado espiritual de la humanidad. Somos la primera generación que puede acceder a los textos sagrados de tantas tradicio-

---

5. *Cf.* Mario SABAN, *Las raíces judías del cristianismo,* Futurum, Buenos Aires, 2002, pp. 102-120, y Antonio RODRÍGUEZ CARMONA, *La religión judía,* BAC, Madrid, 2001, pp. 426-428.

nes, a las palabras de sus sabios y sabias, mujeres y hombres de Dios que han pasado por la tierra. Está llegando el tiempo de poder escuchar en las propias liturgias la palabra sagrada de las otras tradiciones. De hecho, esta transconfesionalidad de las escrituras ya hace años que se practica en ciertas comunidades y celebraciones, incluyendo también textos o poemas seculares a los cuales se les concede el rango de palabra sagrada por su capacidad de inspirar la vida humana y de transformarla. Se nos está dando la capacidad de leer las diversas escrituras particulares con las claves de un meta-texto: la comprensión de la vida como una progresiva apertura a más realidad a medida que se va entregando la propia existencia.

Hay quienes objetan la posibilidad de hacer una lectura realmente significativa de las escrituras de otras tradiciones porque consideran que el trasfondo cultural y lingüístico de cada una es tan diferente que las hace inaccesibles. Sin embargo, otros creemos que en la medida que como humanos tenemos el mismo origen y el mismo destino, existen unas claves universales que las hacen comprensibles. Es cierto que necesitamos aproximarnos a cada texto desde las pautas propias de su tradición, pero también es cierto que podemos captar el común dinamismo espiritual que las atraviesa, aunque esté descrito con los detalles particulares de cada tiempo y lugar.

Porque, por encima de las subtradiciones, hay una tradición que comparte toda la humanidad: el despertar progresivo de la conciencia hacia el Todo del que formamos parte, ya lo comprendamos en categorías personalistas, transpersonales o impersonales. Ya no podemos concebir aisladamente, sino como el despliegue de lo humano hacia lo divino impulsado por el Fondo que origina todas las cosas y que las hace volver hacia sí mismo.

Lo que hay depositado en las religiones es solo el comienzo de sí mismas. Cada tradición ha elegido determinados escritos descartándolos de los otros y los ha consagrado en un canon que se transmite de generación en generación. Esta delimitación es sabia y necesaria, pero corre el peligro de quedar estancada. Delegamos al pasado lo que debería ser aventura y audacia para cada momento. Los textos sagrados de todas las religiones tienen tendencia a cerrarse, a clausurarse, ya que cada grupo necesita acotar un terreno para sentirse seguro. Es cierto que los textos fundantes de cada tradición tienen una densidad revelatoria irrepetible. De ahí la distinción que existe en todas las tradiciones entre los textos primigenios y los que son derivaciones, comentarios o interpretaciones: en el islam se diferencia entre el Corán y los *hadits*, 'dichos y hechos del Profeta'; en la tradición hindú, entre la *sruti,* 'lo que ha sido escuchado', y la *smitri,* 'la memoria'; en la tradición hebrea, entre la *Torah* y otros libros canónicos (profetas, sapienciales e históricos); en el cristianismo se distingue el canon del Antiguo Testamento y del Nuevo Testamento de la patrística griega y latina, y dentro del Nuevo Testamento, tienen rango diferente los cuatro Evangelios y las cartas de los apóstoles; etc.

Desde las tradiciones teístas (judaísmo, cristianismo e islam), las escrituras sagradas se consideran reveladas por el Espíritu Santo según el paradigma de la trascendencia, mientras que según el paradigma de la inmanencia, ya sea oriental o secular, se considera que proceden de la iluminación de la conciencia. La cuestión está en cómo discernir si nos encontramos ante una palabra sagrada. Podemos decir que lo es toda palabra que nos hace más capaces de abrirnos, de entregarnos y de silenciarnos más allá de nosotros mismos hacia una profundidad siempre más grande. Cualquier texto que ayude a reverenciar la realidad, a abrirnos a la Presencia que funda lo existente y a respetar a los demás seres, es sagrado, ya que nos saca de nuestro pequeño yo y ensancha nuestra comprensión de la existencia hacia mayor transparencia y mayor confianza hacia la vida.

Paradójicamente, la posibilidad de hacer esta lectura transconfesional se da en un marco secular. En la ciudad que aparentemente ha perdido a Dios brotan fuentes sagradas que no hubieran podido surgir en el espacio de una sola religión. A través de la lectura de estos textos, de la participación de las celebraciones ajenas y de encuentros comunes, podemos empezar a escucharnos mutuamente y empezar a darnos cuenta de que, compartiendo plenitudes, tenemos mucho más que ganar que compitiendo entre totalidades.

9 CUANDO EMPRENDEMOS UNA LECTURA TRANSCONFESIONAL

«Un texto crece con quien lo lee», dijo Gregorio Magno en el siglo VI. Pero también puede disminuir. Necesitamos hermeneutas que no reduzcan los textos sino que los dilaten. Por ello es preciso leerlos bajo la dirección de maestros que sepan interpretarlos y conectarlos con la fuerza original que los inspiró en lugar de banalizarlos. De otro modo, se corre el peligro de hacer una lectura autocomplaciente que eluda aquellos pasajes que interpelan y ponen en cuestión las estrategias del ego, o que se hagan lecturas empobrecedoras porque falta conocimiento del texto y calidad espiritual para comprenderlo.

El trabajo comenzado desde hace años por Mariano Corbí señala pistas sugerentes y una pedagogía precisa para aprender a leer los textos sagrados y místicos de las grandes tradiciones religiosas despojados de sus categorías míticas y circunstanciales. Corbí considera que lo común a todas las tradiciones es propiciar tres actitudes: el *interés* por la realidad, haciendo que las personas se comprometan con el don y la tarea de la vida; posibilitar el *distanciamiento* de las cosas y las personas para liberar la relación de los instintos más egocentrados; y capacitar para el *silenciamiento* de la mente y de los afectos para poder recibir la realidad de un modo nuevo cada vez. Con estos tres términos acuña la sigla IDS, con la que sintetiza su clave de lectura transconfesional de los textos sagrados.[6]

Expresado de otro modo, en materia de revelación, la comprensión aumenta con la santidad. Como dijo Gandhi, «nadie conoce verdaderamente las Escrituras si no ha alcanzado la perfección de la inocencia (*ahimsa*), de la verdad (*satya*) y del autocontrol (*brahmacharya*) y si no ha renunciado a toda adquisición o posesión de riquezas».[7] Cuanto mayor sea el estado de transparencia de los receptáculos

---

6. Mariano Corbí, *Hacia una espiritualidad laica. Sin creencias, sin religiones, sin dioses*, Herder, Barcelona, 2007, pp. 333-337. Dos de sus obras son una aplicación concreta de esta lectura: *Viento de libertad. Lectura del Evangelio desde una sociedad sin creencias*, Hogar del Libro, Barcelona, 1993; *Jesús de Nazaret, el mito y el sabio*, en colaboración con Halil Bárcena, la cual tiene como subtítulo *Una lectura del Evangelio de Juan desde una espiritualidad laica y desde el sufismo*, Verloc (Biblioteca CETR), Barcelona, 2010.

7. Mahatma Gandhi, *Sobre el hinduismo*, Siruela, Madrid, 2006, p. 21.

personales y colectivos, con más claridad se podrá acceder al mensaje universal que transmiten los textos sagrados e inspirados de la humanidad, significados que se van desvelando en la medida que cada uno se desprende de su propia autorreferencia.

III

EL DIÁLOGO INTERRELIGIOSO COMO EXPERIENCIA ESPIRITUAL

La verdad es una pura relación espiritual
que se produce serenamente entre dos interlocutores
a través de la comprensión,
haciendo que el Extraño se convierta en Huésped.
LOUIS MASSIGNON

LLEVAMOS SUFICIENTE CAMINO recorrido para darnos cuenta de que el diálogo interreligioso no es una estrategia para sobrevivir en tiempos de forzada pluralidad, sino que se trata de una actitud existencial que implica a toda la persona, lo abarca todo e incluye los más diversos ámbitos. El diálogo interreligioso es, en sí mismo, una experiencia religiosa y una llamada a la conversión. Conlleva obligarse a sí mismo a estar dispuesto a cambiar de punto de vista, de comportamiento e incluso de convicción, lo cual significa una lucha contra uno mismo. No se trata de una dialéctica donde la batalla verbal pretende vencer o convencer al contrario, sino de crecer conjuntamente a través de una palabra compartida, escuchada y profundizada gracias al intercambio de seres humanos en busca del Absoluto y de mayor humanidad. Cada grado de ascenso en el diálogo es conquistado y compartido paso a paso, escalón por escalón. Se trata de impulsar una nueva conciencia sin ego donde las identidades no estén bloqueadas ni blindadas sino que sean relacionales, atentas a dejar espacio al otro.

Solo desde esta disposición podremos llegar a comprender otros caminos que también conducen al Misterio o, al menos, vislumbrar desde qué profundidad nos hablan. No tenemos acceso a ellos desde fuera sino que tenemos que ser recibidos. Seyyed Hossein Nasr, un sufí iraní contemporáneo, dice:

> Tolerar otra religión supone, en el fondo, creer que es falsa pero sin embargo aceptar su presencia, similar a como se tolera el dolor cuando es inevitable, pero prefiriendo que no existiera. Por el contrario, comprender otra religión en profundidad no consiste simplemente en analizar sus manifestaciones históricas o sus formulaciones teológicas y entonces tolerarlas, sino más bien en llegar a captar, al menos por anticipación intelectual, las verdades internas a partir de las cuales se generan todas sus manifestaciones externas. Significa ser capaz de ir de los *fenómenos* de una tradición a sus *noúmenos*, de las formas a las esencias, donde reside la verdad de todas las religiones y donde solo pueden ser verdaderamente entendidas y aceptadas.[1]

Este esfuerzo debemos hacerlo todos y en cada momento, con el voto de confianza de que también lo hará el otro. El diálogo interreligioso propicia una experiencia de despojo y de éxodo. Desprendidos podemos dejar que se nos manifiesten nuevas perspectivas de Dios o de la Realidad última, nuevos horizontes que desde nuestro ángulo de religación no podemos abarcar. Así lo expresaba la Asociación Teológica India en 1989:

---

1. Seyyed Hossein Nasr, *Sufismo vivo*, Herder, Barcelona, 1985, p. 44.

Las religiones del mundo son expresiones de la apertura humana hacia Dios. Son signos de la presencia de Dios en el mundo. Toda religión es única y mediante esta unicidad las religiones se enriquecen mutuamente. En su especificidad manifiestan rostros diferentes del inagotable Misterio supremo. En su diversidad nos permiten experimentar de una manera más profunda la riqueza del Uno. Cuando las religiones se encuentran en el diálogo forman una comunidad en la que las diferencias se convierten en complementariedad y las divergencias se transforman en indicaciones de comunión.[2]

De una manera tal vez más sutil y penetrante, Abdelwahab Bouhdiba, un musulmán entonces presidente de la Comisión Permanente Árabe para los Derechos Humanos, hablaba sobre la fecundidad del encuentro interreligioso:

> El diálogo de las religiones fundamenta una verdadera dialéctica de la revelación: el creyente se expresa a partir de su propia fe o, lo que es lo mismo, la fe se expresa a partir de la situación de cada creyente, y el choque del encuentro con el otro me revela, por diferencia, lo que soy. Yo me revelo en la mirada del otro, y al mismo tiempo, mi mirada lo revela a él. Es decir, nuestras fes respectivas nos revelan mutuamente, y sobre todo, nos revelan con una fuerza mayor a nosotros mismos. Nuestras religiones son como espejos: basta con disponerlos sabiamente uno frente al otro para multiplicar sus facetas e imágenes. Las religiones, como las culturas, esconden revelando y revelan todo ocultando.[3]

---

2. *Cf.* Kuncheria PATHIL (ed.), *Religious pluralism. An indian christian perspective,* ISPCK, Delhi, 1991, pp. 338-349, citado por Jacques DUPUIS, *Hacia una teología cristiana del pluralismo religioso,* Sal Terræ, Santander, 2000, p. 295.

3. *Fe adelante, los problemas del diálogo islamo-cristiano. Primer Congreso Internacional a Distancia,* Darek-Nyumba, Madrid, 1988, p. 112.

La teología comienza a considerar hoy el diálogo interreligioso como un nuevo *lugar teológico*, según la expresión de Melchor Cano (1509-1560). Por *lugares teológicos* este dominico entendía ámbitos particularmente fecundos para la reflexión y argumentación teológica.[4] Podemos considerar que el diálogo interreligioso es un nuevo *lugar teológico* en tanto que es un espacio susceptible de reflexionar sobre Dios con unos presupuestos específicos que por su novedad aún carecen de recursos, tanto en vocabulario como en método, y que todavía están en proceso de maduración.

Pero aún podemos dar un paso más y considerar que el diálogo interreligioso puede convertirse en un *espacio teofánico*, donde no solo somos nosotros los que reflexionamos sobre Dios, sino donde Dios se manifiesta a nosotros. Dicho de otro modo, el diálogo interreligioso puede convertirse en un *lugar teopático*, un ámbito que permita hacer la experiencia de Dios. Escribe Martín Velasco:

> *Teopático* tiene su origen en la pasividad que caracteriza la experiencia mística en todas sus etapas; una pasividad que tiene las numerosas connotaciones que ha sugerido el texto del Pseudo-Dionisio el Areopagita que mejor la ha expresado: *non tantum discens sed patiens divina* (*Los Nombres de Dios*, 2,9). No solo aprendiendo sino *patiens*, es decir, experimentando lo divi-

---

4. Los lugares teológicos identificados por Melchor Cano son, en primer lugar, siete: la Escritura; la tradición apostólica; la autoridad de la Iglesia; los Concilios ecuménicos; el magisterio romano (el Sumo Pontífice); los Padres de la Iglesia; los teólogos y canonistas. Hasta aquí se trata de lugares obvios, hasta predecibles. Lo novedoso de su propuesta fue proponer otros tres, que son de una gran actualidad: la razón natural; el pensamiento de los filósofos y juristas, y la historia. *Cf.* Melchor Cano, *De locis theologicis*, BAC, Madrid, 2006.

no. Pero también *padeciendo*, es decir, recibiendo de Dios la luz y el impulso indispensables para entrar en contacto con él; e, incluso, *sufriendo* su peso, su mano, el deslumbramiento de su luz que ciega, es decir, el vaciamiento y la purificación indispensables para que su Presencia —origen de todo posible conocimiento y contacto con él— brille en quienes hacen, o mejor, *padecen* su experiencia.[5]

En la medida en que en el encuentro interreligioso se dé una experiencia espiritual, el diálogo será intrarreligioso, esto es, se hará en el interior de la experiencia de fe y producirá una más honda experiencia de Dios.[6] Pero ello no está garantizado de antemano. Es evidente para todos que vivir el diálogo interreligioso como *lugar teopático* no es nada fácil.

Cinco podrían ser las características de la palabra compartida en este diálogo para que se convierta en una experiencia transformadora: una palabra desarmada, desposeída, descentrada, silente y creadora.

1   UNA PALABRA DESARMADA

En el *Edicto* del Emperador Ashoka, monarca indio del siglo III a. de C. que se convirtió al buddhismo pacificando así su corazón atormentado por tanta violencia que él había desatado, se encuentran las bases para un encuentro no-violento entre las religiones: «La raíz es esta: cuidar la propia

---

5. Juan MARTÍN VELASCO, *El fenómeno místico*, Trotta, Madrid, 1999, pp. 408-409.
6. Sobre este punto Raimon Panikkar se ha expresado ampliamente en su obra monográfica *The intrareligious dialogue*, The Paulist Press, New York, 1978.

manera de hablar, para que no se ensalce la propia tradición ni se desprecien otras tradiciones. Las demás tradiciones debieran ser honradas debidamente en todos los casos.»[7]

También encontramos evocaciones sobre cuál es esta manera de hablar en los cánticos del Siervo de Yahveh, esa figura del Antiguo Testamento que representa al ser humano que se ha convertido en el portador del mensaje-presencia de Dios a su pueblo tras haber renunciado a toda autoafirmación: «No juzgará por apariencias, ni sentenciará de oídas» (Is 11,3); «no gritará, no alzará la voz, no voceará por las calles; no romperá la caña cascada ni apagará la mecha que se extingue» (Is 42,2-3). La palabra por intercambiar no necesita defenderse. Brota de la propia convicción como una ofrenda, no como una imposición.

El diálogo interreligioso pone de relieve que si el hablar sobre Dios no dispone a abrirse y entregarse a la Realidad última sobre la que se habla, este hablar es antirreligioso porque no crea vínculos ni entre los que participan ni con Aquel sobre el que se habla, sino que los usurpa. La necesaria pacificación de la palabra pronunciada no afecta solo al modo del diálogo, sino también a su contenido. Como dice Gandhi: «El conocimiento de la verdad no es posible sin *ahimsa* (no-violencia).»[8] La violencia es un velo que oculta la manifestación de la verdad. El verdadero conocimiento de Dios lleva al más pleno respeto del otro, porque todo el mundo es portador de alguna partícula de verdad. Como se lee en el

---

7. Citado por Thomas MERTON, *Diario de Asia*, Trotta, Madrid, 2000, pp. 208-209.
8. Mahatma GANDHI, *Quien sigue el camino de la verdad no tropieza*, Sal Terræ, Santander, 2001, p. 13.

mismo profeta Isaías, «nadie causará ningún daño en todo mi monte santo, porque el conocimiento del Señor colma esta tierra como las aguas colman el mar» (Is 11,9).

La violencia de la palabra proviene del miedo a ser desposeído de la seguridad que da. Para que nadie haga daño con ella, uno debe desprenderse voluntariamente del poder que contiene su hablar. «La no-violencia es una fuerza activa del orden más elevado. Es la fuerza del alma o el poder de la Divinidad dentro de nosotros. El ser humano imperfecto no puede captar la totalidad de su esencia porque no puede soportar su resplandor»,[9] dice Gandhi de nuevo.

2 UNA PALABRA DESPOJADA

Quizás la paradoja más radical del diálogo interreligioso es tener que ir desposeídos de la pretensión de absoluto del Absoluto que se proclama. Si no es así, cada grupo llega como idólatra, habiendo confundido la Ultimidad con la imagen que nos hacemos de ella, a la cual no queremos, no podemos o no sabemos renunciar. El diálogo interreligioso pone de manifiesto lo absurdo de querer posesionarse del Fondo que funda lo real. Si no se llega despojado al diálogo, solo se es portador de sí mismo: de las propias seguridades e ideología o, simplemente, de los hábitos, costumbres u obsesiones propios.

«Aquel de vosotros que no renuncia a todo lo que tiene, no puede ser discípulo mío», dijo Jesús (Lc 14,33). De nuevo la paradoja: cada uno se entrega por un camino al Absoluto

---

9. Mahatma GANDHI, *La verdad es Dios*, Sal Terræ, Santander, 2005, p. 60.

pero ni el camino ni el Absoluto le pertenecen. La entrega no puede ser una forma camuflada de justificar una nueva posesión. No estamos hablando de que se tenga que renunciar a la adhesión incondicional al camino que se está haciendo, sino de despojarse de la cerrazón que esta entrega puede generar. Sin este desprendimiento no vamos como discípulos sino como maestros de nosotros mismos y como esclavos de nuestros miedos y de nuestra voluntad de conquista. Lo que entonces se defiende es solo un ídolo, una máscara camuflada en forma de conceptos y argumentos que hemos construido nosotros mismos. Escribe Juan de la Cruz:

> Cuando reparas en algo,
> dejas de arrojarte al todo;
> porque, para venir del todo al todo,
> has de negarte del todo en todo;
> y cuando lo vengas del todo a tener,
> has de tenerlo sin nada querer,
> porque, si quieres tener algo en todo,
> no tienes puro en Dios tu tesoro.[10]

Mientras no nos despojemos de las propias concepciones de la Ultimidad no dejaremos de proyectar sobre ella lo que ya sabemos, con lo cual nos privamos de que pueda manifestarse más allá de lo que ya conocemos a través de otras aproximaciones, las cuales también deberían llegar desposeídas. La prohibición del judaísmo y del islam de plasmar imágenes de Dios apunta a esta cautela. Ello no solo implica la representación pictórica, sino también las imágenes mentales y conceptos que nos hacemos acerca de Dios. En todas

---

10. Juan de la Cruz, *Subida al Monte Carmelo*, 1S, 13,10.

las religiones se encuentra esta tentación de apropiación. Las tradiciones que prohíben las representaciones de Dios se aferran a otros aspectos de su religión: la conciencia egocéntrica de Pueblo elegido en el caso de Israel o la intocabilidad de una determinada intetrpretación del Corán en el Islam; por el contrario, las religiones que permiten las más variadas y extrañas imágenes de Dios, como el hinduismo, pueden caer en otros absolutos como puede ser la división de castas con las consiguientes exclusiones provocadas por la obsesión de la impureza; en el buddhismo se puede caer en absolutizar determinados métodos de meditación. En cuanto al cristianismo, Anthony de Mello recoge un relato que expresa cuál puede ser su tentación:

> Un cristiano que practicaba el zen quiso leer algunos pasajes del evangelio a su maestro, un monje buddhista. Cada vez que leía un pasaje, su maestro exclamaba: «Verdaderamente este hombre era un ser iluminado.» Al oír las Bienaventuranzas, aún quedó más impresionado, y emocionado dijo: «El hombre que pronunció estas palabras verdaderamente podría ser llamado *Salvador de la Humanidad*.» El cristiano estaba entusiasmado, y continuó leyéndole todavía algunos pasajes más. La sentencia final del maestro zen fue: «Este hombre hablaba y actuaba como una encarnación de la divinidad.» La alegría del cristiano no tenía límites. Se marchó con el convencimiento de que con unas sesiones más como esta su maestro acabaría convirtiéndose al cristianismo. Volviendo a casa se encontró con Jesús junto al camino. «Señor —le dijo muy satisfecho—, ¡he conseguido que aquel hombre confesara que eres divino!» Jesús sonrió y le respondió: «¿Y qué has conseguido hacer sino que se hinchara tu ego cristiano?»[11]

---

11. Anthony DE MELLO, *El canto del pájaro*, Sal Terræ, Santander, 1985, p. 138.

El ego no consiste solo en tener vanidad, sino que también hay ego en la necesidad de convencer a otros de que crean lo que uno cree para sentirse más seguro de sí mismo. El teólogo alemán Gerd Neuhaus analiza con agudeza la contradicción que existe entre la proclamación cristiana de la revelación de Jesucristo como vaciamiento de Dios y el hecho de que esta confesión se convierta en una autoafirmación identitaria que impida realizar este vaciamiento.[12]

3 UNA PALABRA DESCENTRADA

En el diálogo interreligioso no se trata de intercambiar información. Para eso ya existen los manuales, los diccionarios y las monografías. Lo propio del diálogo es el encuentro con el otro. Su presencia es portadora de una profundidad que yo no puedo abarcar. Esto hace que el diálogo tenga un carácter sacramental, donde el otro se convierte en manifestación de un aspecto de Dios que no conozco y del que el otro sí tiene experiencia. Louis Massignon, el islamólogo francés amigo de Charles de Foucauld, decía que «solo se encuentra la verdad cuando se practica la hospitalidad».[13] Dialogar implica acoger al otro y dejarse acoger para permitir que se manifieste algo del misterio que le habita. Se trata de silenciar todo

---

12. *Cf.* Gerd NEUHAUS, «Christlicher Absolutheitsanspruch und interreligiöse Dialogfähigkeit», *Theologie der Gegenwart,* núm. 43 (2000), pp. 92-109. Recensionado en «La pretensión cristiana de absolutez y la capacidad de diálogo interreligioso», *Selecciones de Teología,* núm. 160 (2001), pp. 283-296.

13. Mencionado por Pierre-François DE BÉTHUNE, *La hospitalidad sagrada entre las religiones,* Herder, Barcelona, 2009, p. 126.

a priori y prejuicio, y ser todo escucha, presencia al otro con todo mi ser, la palabra del cual es solo una de sus posibles manifestaciones. Dialogar es sumergirse en él y entrar en comunión con lo que le da vida. Cuanto más capaces somos de escuchar, más profundidad y luminosidad del misterio que contiene el otro se nos puede revelar. Esta escucha implica una radical salida de mí hacia el corazón de quien es diferente a mí. Se trata de un éxtasis de mí en él, en quien tengo que entrar descalzo porque me hallo en tierra sagrada (Ex 3,5).

Así lo expresaba Henri Le Saux (1910-1973), monje benedictino que se marchó a la India en 1948, donde hizo una experiencia inter- e intrarreligiosa, extática y agónica a la vez, hasta su muerte:

> Para que el diálogo sea fructífero es necesario que llegue a convertirse, por decirlo de alguna forma, en la experiencia de mi hermano dentro de mí, liberando mi experiencia de toda carga para que mi hermano pueda reconocer en mí su propia experiencia.[14]

No se trata de disolverse en el otro ni de ser absorbido por él, pero sí que, de alguna manera, hay que atreverse a perderse, fruto del voto de confianza que le he dado, y dejar que me conduzca hacia unas profundidades y paisajes que yo ignoraba. Al mismo tiempo, el otro me da a mí el mismo voto de confianza y es introducido en un ámbito de trascendencia que él no conocía. Después de estas mutuas pérdidas, ninguno de los dos puede volver a ser el mismo sin dejar de ser en profundidad lo que éramos.

---

14. ABHISHIKTANANDA (Henri LE SAUX), *The depht-dimention of religious dialogue*, citado por Jacques DUPUIS, *Jesucristo al encuentro de las religiones*, Paulinas, Madrid, 1991, p. 327.

¿Cuáles son los límites de esta pérdida? No lo podemos saber antes de hacer la experiencia. Conocemos el punto de partida, pero no el término de un éxtasis y de un éxodo que apenas hemos empezado a recorrer. *Experiencia* proviene de *ex-perior*, compuesto del prefijo *ex-* de procedencia, y la raíz indoeuropea *por*, 'atravesar', 'pasar a través'. De aquí proviene también la palabra *puerta*. En alemán se conserva más claramente el significado: *Erfahrung* ('experiencia') contiene la palabra *viaje* (*Fahrung*). Aquí radica precisamente el núcleo de la cuestión: en reflexionar cómo y en qué sentido el diálogo interreligioso es y puede ser un éxodo y una peregrinación; en definitiva, una pascua en tanto que es pasaje hacia una orilla desconocida.

Se dice a menudo que no puede haber diálogo si cada interlocutor no habla desde su propia identidad y si no se tienen claros los puntos de partida. Es cierto. También se ha dicho que el encuentro con las otras tradiciones sirve para profundizar aspectos de la propia. También eso es cierto. Pero hay que añadir que tenemos que estar dispuestos a dejarnos llevar hacia «donde no sabemos, no poseemos y no somos» si queremos seguir las huellas de Juan de la Cruz hasta la cima del Carmelo.

Dialogar conlleva el riesgo de no volver nunca más a ser el mismo. Algo del otro se ha introducido en mí de forma irreversible en un creciente *hacia delante* y *hacia dentro*. La experiencia espiritual que conlleva el diálogo interreligioso tiene el carácter de un viaje abrahámico: habrá que dejar la tierra conocida de nuestros padres para adentrarse en tierra extraña hacia un país que Dios nos mostrará (Gn 12,1). Como en el caso de Abrahán, se producirán dudas y perplejidades, pero como resultado de este viaje, de esta experiencia, el cielo desplegará un inmenso paisaje de estrellas (Gn 15,5). La tierra prometida a Abrahán es el país «que el conocimiento del Señor colma», como anunciaba Isaías (11,9).

4 UNA PALABRA SILENTE

Para que la palabra compartida sea una palabra teofánica ha de nacer del silencio y debe ser compartida en el silencio. La palabra humana es participación de la palabra divina, y es en ella donde se regenera y purifica: «Al principio ya existía la Palabra. La Palabra estaba junto a Dios, y la Palabra era Dios. Ya al principio ella estaba junto a Dios. Todo fue hecho por ella y sin ella no se hizo nada de cuanto llegó a existir.» (Jn 1,1-3) El prólogo de san Juan se está refiriendo al Logos primordial, a la *Ur-Wort*, como dicen los místicos alemanes. Esta Palabra no es nuestra palabra ordinaria —sobre Dios o sobre cualquier otra dimensión de la realidad—, sino que es su fuente. Una Upanishad lo expresa diciendo: «Brahman no es lo que está contenido en lo dicho, sino que es aquello a través del cual todo hablar puede ser dicho.» (Kena Upanishad I,5) Sin esta inmersión en la Palabra primordial, que es silente porque es anterior y precede toda palabra humana, el hablar religioso e interreligioso se convierte en un hablar vano.

Un diálogo sin silencio está abocado al fracaso. De hecho, este silencio convierte el diálogo interreligioso en diálogo *intrarreligioso*: porque no se trata de compartir una palabra *sobre* Dios sino *desde* Dios. Así es cómo este espacio se hará *teopático* y *teofánico*.

Solo teniendo conciencia de la desproporción que hay entre la palabra humana sobre Dios y la Palabra que Dios pronuncia más allá de toda palabra humana, permitimos que se abra un espacio silente y sagrado, libre de nuestras saturaciones verbales. Solo desde esta adoración, desde esta veneración por lo que no puede ser dicho, se puede establecer un diálogo fecundo. De hecho, todos somos sensibles para captar cuándo una palabra proviene del ruido de las ideologías y de las propagandas y cuándo nace de ese silencio primordial engendrado en la oración. La palabra que circule en el diálogo inter- e intrarreligioso debe ser una palabra orada y orante, bañada en silencio y que lleve al Silencio. Solo así será palabra fecunda, que participe del impulso creador de Dios.

5 UNA PALABRA CREADORA

El mayor exponente de la fecundidad del encuentro con la alteridad es la unión conyugal: en la medida en que hay plena comunión, se da la fecundación. En la unión entre hombre y mujer cada uno sigue siendo el mismo, pero aparece un *tercero* que está más allá de los dos primeros. Toda palabra compartida está llamada a engendrar algo nuevo que antes del diálogo no existía. Esta novedad no es un producto ni una construcción sino un don. Un don que es bueno desear pero nunca exigir.

En la medida en que los participantes en el diálogo están abiertos a la manifestación del Misterio mediante su *desarmarse, despojarse, descentrarse* y *silenciarse*, este espacio puede ser fecundado y convertirse en una matriz capaz de engendrar algo nuevo: «El Espíritu Santo vendrá sobre ti y el poder del Altísimo te cubrirá con su sombra.» (Lc 1,35) El ámbito interreligioso puede ser esta nueva matriz teológica, susceptible de fecundas teofanías.

Por nuestra parte no podemos hacer más que disponernos para ello y dejarnos conducir hacia aquella Verdad plena (Jn 16,13) de la que nadie tiene la exclusiva, pero de la que cada tradición contiene una primicia. La novedad que podamos soportar (Jn 16,12) dependerá de la medida de nuestra desposesión, es decir, del espacio que hayamos desalojado para poder recibir lo nuevo que se nos quiera comunicar.

Así lo expresó Thomas Merton en Calcuta en octubre de 1968, dos meses antes de morir en Bangkok, en el transcurso de un encuentro interreligioso monástico, convirtiéndose así no en mártir pero sí en confesor de esta causa:

> ¡Oh Dios! Somos uno contigo. Tú nos has hecho uno contigo. Tú nos has enseñado que si permanecemos abiertos unos a otros tú moras entre nosotros. Ayúdanos a mantener esta apertura y a luchar por ella con todo nuestro corazón. Ayúdanos a comprender que no puede haber entendimiento mutuo si hay rechazo. ¡Oh Dios! Aceptándonos unos a otros de todo corazón, plenamente, totalmente, te aceptamos a ti y te damos gracias, te adoramos y te amamos con todo nuestro ser, porque nuestro ser es tu Ser y nuestro espíritu está enraizado en tu espíritu.[15]

Desalojar el espacio de la identidad personal y colectiva para que se produzca la fecundidad del encuentro interreligioso es uno de los mayores retos espirituales que tienen planteados hoy las religiones.

---

15. MERTON, *Diario de Asia*, p. 281.

II

FECUNDACIONES

IV

ORIENTE Y OCCIDENTE

> *Oriente es Oriente y Occidente es Occidente.*
> *Jamás se encontrarán los dos.*
> RUDYARD KIPLING

> *Mi alma se llena de alegría*
> *cuando el torrente de ideales que fluyen*
> *de Oriente y de Occidente mezclan su rumor*
> *en una profunda armonía de sentido.*
> RABINDRANATH TAGORE

Oriente y Occidente, más allá de sus ubicaciones geográficas, representan dos formas de concebir la existencia y de ser-en-el-mundo, y son reflejo de cómo las religiones y las culturas forman una unidad casi indivisible, en tanto que las religiones vehiculan la cosmovisión de las culturas donde han nacido, al mismo tiempo que las culturas son inspiradas por las religiones que nacen en ellas. Así, los valores del judeo-cristianismo están intrínsecamente vinculados a la civilización occidental, de la misma manera que el hinduismo, el buddhismo, el taoísmo —y en parte también el confucionismo— expresan los valores orientales. Entre ellos encontramos las religiones semíticas (el judaísmo no occidentalizado y el islam), que no por azar se encuentran en Oriente Medio y contienen elementos de ambos.

Oriente y Occidente se miran mutuamente con admiración y a la vez con recelo. Podemos ignorarnos, menospreciarnos e incluso acabar devorándonos unos a otros o, al contrario, podemos aprender y dejarnos fecundar por nuestras diferencias. El encuentro con el otro sirve de espejo: a través del diferente nos descubrimos a nosotros mismos.

Presentaré esta complementación a través de siete rasgos en forma binaria para destacar la polaridad correspondiente. En los dos capítulos siguientes abordaré dos aportaciones específicamente orientales que cada vez están más presentes en Occidente, pero que hay que resituar en su contexto original para que, al verterse en Occidente, no pierdan su fuerza primigenia: el yoga y la práctica buddhista, dando una particular atención al zen.

I PRINCIPIO DE SUPERACIÓN Y DE TRANSFORMACIÓN EXTERIOR *VERSUS* PRINCIPIO DE ACEPTACIÓN Y DE TRANSFORMACIÓN INTERIOR

La cultura occidental está construida sobre un instinto de insatisfacción que nos lleva a la continua transformación del entorno. La aversión al sufrimiento y a la muerte ha sido el impulso para ganar terreno a las fuerzas de la naturaleza que nos amenazan, tanto en forma de enfermedades como de cataclismos naturales. De ahí han nacido la técnica y la ciencia modernas que han cambiado la faz de la tierra. En el terreno social, la democracia occidental es resultado de rebeliones ante las injusticias ya desde los tiempos de los esclavos romanos, con líderes como Espartaco (siglos II-I a. de C.), las revoluciones campesinas de la Edad Media, los gritos de «libertad, igualdad y fraternidad» de la Revolución Francesa, las luchas obreras del siglo XIX, la reivindicación de la igualdad de las mujeres, etc. Este afán de cambiar las cosas es una de las características de Occidente y expresa nuestro amor por la vida y nuestro instinto de superación. Pero esta actitud puede esconder también una trampa: la de no aceptar las dimensiones pasivas de la existencia. El dolor y, en último término, la muerte, forman parte de nuestra condición humana y no podemos ahorrarnos los pasos si no queremos estar continuamente huyendo hacia delante, permanentemente insatisfechos, rodeándonos de unas condiciones de vida artificial que nos acaban haciendo incapaces de asumir el dolor y la frustración, lo que nos priva de ser transformados interiormente.

Oriente muestra otra actitud ante la adversidad. La aceptación no es resignación. La resignación no aporta sabiduría sino sumisión. La aceptación, en cambio, implica reconciliación con la adversidad y libertad para no aferrarse a las situaciones, lo que permite una perspectiva más amplia ante la vida. Valga como ilustración el siguiente relato:

> Un campesino pobre y anciano vivía con su hijo y solo tenían un caballo para arar. Pocos días antes de la siega el caballo se escapó. Los vecinos fueron a visitarlo y se lamentaban por la pérdida en un momento tan inoportuno. Pero él decía: «¿Buena suerte? ¿Mala suerte? Solo el Eterno lo sabe.» A los pocos días el caballo apareció acompañado de tres yeguas salvajes. Los vecinos acudieron a felicitarlo por ser de pronto tan afortunado. Él les respondía: «¿Buena suerte? ¿Mala suerte? Solo el Eterno lo sabe.» Esa misma tarde su hijo se puso a domesticar una de las yeguas, pero fue lanzado por los aires y, al caer, se rompió una pierna. De nuevo los vecinos fueron a consolar al campesino por

la desgracia de que su hijo no podría ayudarle en la siega. El anciano se limitaba a decir: «¿Buena suerte? ¿Mala suerte? Solo el Eterno lo sabe.» Al día siguiente se supo que el señor de aquellas tierras había decidido ir a la guerra y que todos los jóvenes debían presentarse como soldados. El hijo de la casa, por tener la pierna rota, fue eximido.

Lo que se desprende de este relato es la conveniencia de no dejarse llevar por la inmediatez de los acontecimientos, liberarse de las expectativas del momento e incorporarse al flujo constante de las cosas. En palabras del Daodejing:

> Logrando la extrema vacuidad,
> manteniendo la profunda quietud,
> todos los seres se mueven,
> y yo contemplo su regreso.
> Los seres brotan en profusión
> y cada uno regresa a la raíz.
> El retorno a la raíz es la quietud,
> la quietud es la restitución del orden,
> la restitución del orden es lo que permanece,
> y conocer lo que permanece es iluminación.
> No conocer lo que permanece es nefasta necedad.
>
> Daodejing, 16

Lo que permanece es la misma vida en un flujo continuo en el permanente no permanecer de las cosas. No querer cambiar las cosas sino acogerlas y aprender a gustarlas tal como llegan supone una receptividad pacificada hacia todo lo que adviene.

2 ACTITUD ANTE EL TIEMPO Y LA HISTORIA: FUTURO *VERSUS* PRESENTE

La cultura occidental está dinamizada por una concepción lineal del tiempo que proviene del pueblo de Israel. La esperanza de una tierra mejor le hizo dejar atrás el país de la esclavitud. Llegados a Caná, esta expectativa se transformó en otra espera: la venida del Mesías. A través de la expansión del cristianismo y de la promesa de una plenitud final de los tiempos con la segunda venida de Cristo (la *Parusía*), Occidente hereda la concepción historicista del tiempo. El mito o ideología del progreso es el resultado de la secularización de la espera mesiánica. El marxismo, con su utopía de una sociedad igualitaria, prolonga las raíces judías de Karl Marx. Este verterse sobre el futuro ha ayudado a la cultura occidental a superarse proyectando objetivos, fijando metas..., pero con el peligro de perder lo único que tenemos: el presente. En Occidente concentramos toda nuestra energía hacia fuera y hacia el futuro.

En Oriente la energía se desarrolla hacia el presente y hacia dentro. El tiempo oriental es circular. Siempre acaba volviendo lo mismo a causa del deseo y de la proyección de la mente. Oriente no busca el progreso sino la profundidad del instante. Lo que hace falta es aprender a habitar la irrepetibilidad del ahora. Volver al presente es una paradoja, porque no existimos sino en él. Pero estamos continuamente enajenados debido al pensamiento. La mente se desplaza al pasado en forma de añoranza o de reproches y se adelanta al futuro en forma de proyectos para calmar su ansiedad. Liberarse del exilio del pensamiento implica darse cuenta de que somos cuerpo. Este ser-cuerpo conlleva maravillarse del movimiento más primario y más satisfactorio que continuamente estamos disfrutando: la respiración. Por la inspiración estamos recibiendo la vida y por la expiración la estamos entregando. El retorno al cuerpo y al presente nos fortalece con el poder del ahora. Fuera del presente no existimos. Por lo tanto, la felicidad debe ser una experiencia del presente. Todo lo que nos lleve al presente nos lleva también a la plenitud porque nos devuelve a nosotros mismos y a lo que es verdaderamente real.

Fecundo encuentro es el que se produciría si fuéramos capaces de integrar el sentido del progreso motivado por el afán de superación característico de Occidente con la atención al instante presente propio de Oriente que permite disfrutar del sabor de cada paso. Si bien es cierto lo que Gandhi dijo: «No hay un camino para la paz, la paz es el camino», también es cierto que hacen falta las condiciones estructurales para que los pueblos vivan en una justicia que posibilite esa paz. La dimensión personal y la social se requieren a la vez.

3 PRINCIPIO DE PERSONALIZACIÓN Y DE ALTERIDAD *VERSUS* PRINCIPIO DE OCEANIZACIÓN Y MISMIDAD

Occidente apuesta por la irrepetibilidad de cada persona. «Acepto la gran aventura de ser yo», escribía Simone de Beauvoir en sus *Cuadernos de juventud*. De aquí se desprende también el valor de la alteridad, el respeto a cada uno como el otro de mí. Las corrientes personalistas del siglo XX son el reflejo y la maduración de esta sensibilidad de Occidente por el valor de la persona. *Persona* es diferente de *individuo*. El término proviene del teatro griego: se refiere a la voz que se oía a través de la máscara (*pro-sopon*). El ser humano no es la máscara que se ve, sino la voz que hay tras ella donde radica el misterio irrepetible y singular de cada ser humano. El significado de *persona* se profundizó a partir de la teología cristiana sobre la Trinidad. Dios no es concebido como un Ser o Energía impersonal, sino como comunión de *hypóstasis* o *personas* (Padre, Hijo, Espíritu Santo) en la que cada una existe desde y por el otro. Son tres núcleos u orígenes de amor consciente y libre que crean relación desde la autodonación. La encarnación del Verbo revela el valor sagrado de cada ser humano: «Os aseguro que cuando lo hicisteis con uno de estos mis hermanos más pequeños, conmigo lo hicisteis.» (Mt 25,40.45) Como fruto de la valoración irreductible de cada persona, Occidente ha hecho aportaciones que forman parte del patrimonio de la humanidad, como es la democracia basada en el voto intransferible de cada ciudadano, y como son las sucesivas declaraciones de los derechos humanos.

En Oriente, en cambio, la noción del yo se considera un error que causa todos los dolores, fuente de envidias, codicias, rivalidades y exterminios entre los humanos y de la naturaleza. No se concibe un yo sustancial. La postura más radical la tiene el buddhismo, según el cual lo que existe es un flujo continuo de realidad formado por varios agregados (*skandas*): formas, sensaciones, conceptos, actividades y conciencia que crean la ilusión de un yo. Esta construcción crea separación y una continua sensación de insatisfacción, soledad y angustia. La experiencia de la iluminación o de la liberación consiste en desprenderse de este yo que aísla y separa de la realidad, privándonos de la plenitud. Dice el Bhagavad Gita:

La persona que abandona el error de la posesividad, libre del sentimiento del yo y de mí, alcanza la paz perfecta.

Bhagavad Gita 2,71

Libre de egoísmos, violencia y orgullo, así como de concupiscencia, ira y ambición, una vez que esta persona ha superado su yo, su personalidad y el sentimiento de lo mío, ha escalado las cimas más altas y se hace merecedor de la unión total con Brahman.

Bhagavad Gita 18,53

En palabras buddhistas:

> Una única naturaleza
> contiene todas las naturalezas,
> Una única existencia
> incluye absolutamente todas las existencias.[1]

La singularidad individual pierde importancia ante la participación en el Todo. Solo desde aquí se puede entender un tema tan complejo como la reencarnación y la liberación de la reencarnación. En términos hindúes, se busca la fusión del yo profundo o espíritu (*Atman*) en el Ser supremo (*Paraatman*); en términos buddhistas, se busca la extinción de las diversas funciones egoicas de la conciencia y de la percepción en la naturaleza primordial incondicionada; en términos taoístas, el ser humano (*ren*), compuesto de esencia (*jing*), energía (*qi*) y espíritu (*shen*), se reintegra (*fan*) en el Tao indiferenciado a través de la unificación del ser profundo (*xing*). La existencia concreta e histórica es la

---

1. Yoka DAISHI, *El canto del inmediato satori*, Kairós, Barcelona, 2000, p. 113.

ocasión para salir de la ignorancia y volver a la unidad primera. En cambio, en la mentalidad occidental, la persona es concebida como una entidad irrepetible físico-psíquico-espiritual. De aquí se desprende el valor de la libertad y el principio de responsabilidad, tan propios de nuestra filosofía y teología modernas. Nos lo jugamos todo a una sola carta y en una sola existencia. Desde esta perspectiva sospechamos que la doctrina de la reencarnación justifique los sistemas de desigualdad social y fomente el conformismo. Por su parte, Oriente, con la concepción de las diversas vidas, interpela a Occidente con la posibilidad de una perfectibilidad progresiva hasta llegar a la liberación o realización final. En lugar de la noción de pecado como acción conscientemente perversa, Oriente habla de ignorancia. No se trata de salvarse, sino de iluminarse.

Si bien el cristianismo prolonga por la eternidad la identidad personal, tanto de los seres humanos como de Dios, Oriente destaca la dimensión oceánica, de unión hasta la fusión de la conciencia individual con el Ser total. Si no hay un yo, tampoco hay un tú, porque son correlativos. Occidente subraya el contorno de la gota de agua; Oriente, su acuidad, que es la misma que la del océano. Aun existiendo esta polaridad, los místicos de Occidente se han acercado a la concepción oceánica, como la imagen que menciona Teresa de Jesús en la Séptima Morada, donde compara la unión del alma con Dios con la que se produce con las gotas de la lluvia cayendo en un estanque o con el agua del río entrando en el mar o con la luminosidad de una habitación con la luz que entra por distintas ventanas.[2] También el Maestro

---

2. Teresa de Jesús, Morada VII, cap. 2.4.

Eckhart dice que el fondo de Dios y el fondo del alma son un único y mismo fondo.[3] En dirección contraria, la verdadera experiencia del *nirvana* no conlleva el menosprecio del *samsara* (el mundo cambiante de las formas individuales), sino su diafanidad.

4 RAZÓN ANALÍTICA Y PRINCIPIO DE NO-CONTRADICCIÓN *VERSUS* RAZÓN SIMBÓLICA Y PARADÓJICA

Lo propio de la cultura occidental está en su capacidad de inquirir, de indagar las causas y los efectos de los fenómenos externos para intervenir y dirigir las fuerzas de la naturaleza en una dirección determinada. Tenemos una relación fundamentalmente analítica y utilitarista con el entorno. Oriente, en cambio, ya hemos visto que tiende a acoger la vida tal como le es dada, sin dirigirla ni violentarla. En el zen encontramos una terminología que corresponde a estas dos actitudes: la *mirada-flecha* y la *mirada-copa*. La primera es discriminatoria, aguda como la punta de una flecha, dirigida a un único objetivo, que deja de lado todo lo que no se encuentra en su trayecto. La *mirada-copa*, en cambio, se queda quieta, pacífica, abierta, solo recibiendo y acogiendo lo que le es mostrado. Estamos claramente ante la complementariedad cognitiva de los dos hemisferios del cerebro. El hemisferio derecho es intuitivo y ve la parte desde el todo, mientras que el hemisferio izquierdo es analítico y ve el todo como resultado de la suma de las partes.

---

3. *Cf.* diversos sermones recogidos en Maestro ECKHART, *El fruto de la nada y otros escritos*, Siruela, Madrid, 1998, pp. 49, 53 y 100.

De la predominancia del uso del hemisferio izquierdo se deriva el principio de la no-contradicción, que sirve para individualizar los conceptos pero a costa de escindir la plasticidad de la realidad sin asumir la integración de los contrarios. En cambio, el hemisferio derecho acepta la contradicción como parte constitutiva de la realidad. Tal vez donde más claramente se pone de manifiesto esta integración sea en la polaridad taoísta del *yin-yang*, donde feminidad y masculinidad, oscuridad y claridad, contracción y expansión, acción y pasividad, el sí y el no, están integrados en el célebre ideograma circular que contiene dos áreas, una blanca y otra negra. En el hinduismo, una expresión de esta capacidad integradora está representada por las seis perspectivas (*darshana*) de la ortodoxia.[4] *Darshan* procede de la raíz *drsh*, 'ver desde un punto de vista determinado'. Se trata de seis sistemas de pensamiento contradictorios entre ellos que fueron reconocidos como legítimos en los últimos siglos anteriores a nuestra era:

a El *Samkhya* es una doctrina metafísica de carácter dualista que concibe la realidad dividida entre el mundo material (*prakriti*) y el mundo trascendente o espiritual (*purusha*).

b El Yoga tiene un carácter místico y práctico al mismo tiempo. Ofrece medios concretos para alcanzar la unión, que es lo que significa la palabra *yoga* (de la raíz indoeuropea *yug*, 'yugo', 'unión').

---

4. También es una característica del jainismo, religión india contemporánea al buddhismo, que llama a esta simultaneidad de perspectivas *doctrina del no-absolutismo* (*anekantavada*), o *exposición de los múltiples aspectos*. *Cf.* Agustín PÁNIKER, *El jainismo*, Kairós, Barcelona, 2001, pp. 368-370.

c El *Vaisesika* tiene una concepción atomista de la realidad, según la cual innumerables *atman* están unidos en combinaciones de minúsculos átomos atrapados en el círculo de las reencarnaciones (*samsara*).

d El *Nyaya* es de carácter racionalista ya que se basa en la razón como vehículo de la 'indagación del espíritu', o de la 'interpretación lógica', que es lo que significa literalmente su nombre.

e El *Purvamimansa*, literalmente 'primera investigación' o 'reflexión profunda', está centrado en la interpretación y estudio de los Veda y los rituales. Defiende el carácter sobrenatural y sagrado de las Escrituras.

f El *Vedanta* ('el final de los Veda') es de carácter místico-metafísico, de donde proceden las Upanishads. Trata de conseguir que el espíritu individual (*atman*) se junte con el Absoluto (*Brahman* o *Para-atman*). En su interior contiene tres escuelas de interpretación: la no-dualista (*advaita*), representada por Shankara (788-820); la no-dualista calificada (*visistadvaita*), representada por Ramanuja (1055 hasta 1137), y la dualista (*dvaita*) representada por Madhva (siglo XIII).

Estos seis sistemas no se anulan mutuamente sino que son considerados complementarios de una realidad más vasta que la mente humana no agota. Escribe uno de los sabios hindúes contemporáneos: «Mientras el estudiante occidental de filosofía piensa que el Samkhya y el Vedanta son dos sistemas incompatibles, porque el primero está relacionado con la liberación de una pluralidad de personas mientras que el último con la libertad de una Persona no numerable, el hindú no ve en ello ninguna antinomia.»[5] La mirada que llamamos *oriental* acepta que cada fenómeno contenga múltiples perspectivas. Un bosque es visto de muy diferente manera por un leñador, un excursionista, un buscador de setas, un cazador, un místico, un poeta o un especulador de terrenos. El bosque es el mismo, pero la percepción de cada uno está radicalmente condicionada por su aproximación intencional y cognitiva. No tiene sentido disputarse sobre quién tiene razón. Todas las perspectivas son adecuadas, pero ninguna agota las posibilidades del bosque, que contiene aún muchos más ángulos de percepción, como son, entre otros, los de la multitud de animales que viven en él, para los cuales el bosque adquiere otras formas y significados.

Podemos ilustrar todo esto con la siguiente imagen:

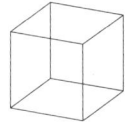

Esta figura se puede ver desde dos perspectivas al mismo tiempo y ambas están contenidas en el dibujo:

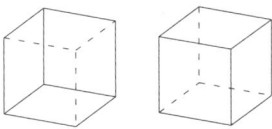

No procede disputarse por determinar cuál es la visión verdadera. Las dos lo son. Más aún: lo que vemos no son más que unas líneas combinadas que dan la apariencia de un cubo geométrico, lo cual es una interpretación de la mente. Consi-

---

5. Ananda Kentish COOMARASWAMY, *El Vedanta y la tradición occidental*, Siruela, Madrid, 2001, p. 21.

derar que estas posibilidades están en el dibujo implica darse cuenta de que ninguna perspectiva agota la realidad. La pretensión de poseer una única verdad ha causado mucha violencia a lo largo de la historia.

La mentalidad de Occidente está marcada también por el principio de identidad. Si A es A y B es B, entonces A no es B ni B es A. Pero quedarse ahí reduce la comprensión de A y de B, porque son puestas en relación por lo que no son, pero no se las conoce por lo que son. No es lo mismo decir que A *no es* B que decir que A *es* no-B. En el primer caso, queda negada en A toda relación con el ser de B, mientras que en el segundo queda más patente que A y B son, aunque no sean lo mismo. Quedarse en el principio de la identidad individual que subraya la diferencia impide tomar conciencia de que A y B comparten el hecho de ser, y que cada una refleja el ser a su manera. El principio de la no contradicción impide conocer lo que A y B son por sí mismas, más allá de fijar una identidad por contraposición. B no es solo no-A, sino que contiene su propio ámbito de realidad independientemente de que no sea A.[6]

El principio de identidad también tiene que ver con el principio de sustantivación: al querer definir A y B, el concepto captura la cosa en lugar de dejar que la realidad exprese su propio dinamismo. Definir A en tanto que A y B en tanto que B implica fijar unas características determinadas en A y B que no permiten el cambio. Son concebidos abstractamente, sustrayendo su capacidad de transformación y olvidándose de que toda cosa está sujeta a la contingencia, como

---

6. *Cf.* Raimon PANIKKAR, *La intuición cosmoteándrica*, Trotta, Madrid, 1999, p. 88-94.

también lo está la percepción humana. Este principio de impermanencia es una de las características del buddhismo que está en la base de una actitud espontánea de tolerancia.

Sin embargo, seríamos injustos con Occidente si no reconociéramos que dentro de nuestra tradición también hay lugar para un pensamiento que va más allá de los principios de identidad y de no contradicción. El mismo Aristóteles, padre de la lógica, reconoce que «el ser puede ser dicho de muchas maneras»,[7] aproximándose así a uno de los célebres versos de los Vedas: «El Ser es uno solo. Los sabios le llaman de diversas maneras.»[8]

Una de las expresiones de la forma de razonar de Oriente es el uso frecuente de la lítote. Desde la perspectiva occidental, consiste en negar lo contrario para afirmar lo que queremos decir, dado que vivimos inmersos en una concepción marcadamente dualista: *no-malo* significa 'bueno'; *no-lejano* indica 'próximo'; *no-oscuro*, 'claro', etc. A menudo también, el uso de la negación es una simple forma retórica para expresar de manera atenuada lo que queremos decir: «no es demasiado bueno» es lo mismo que decir «malo». En cambio, en Oriente, la lítote se utiliza para negar lo contrario de lo que se quiere decir. Se trata de una doble negación que se convierte en una afirmación que no es evidente ni lineal, sino paradójica y simultánea, ya que la realidad es concebida como una unidad inseparable e insuperable donde todo *es* todo al mismo tiempo. Dos claros ejemplos son la noción de no-dualidad (*a-dvaita*) hindú y buddhista y de no-acción (*wu-wei*) taoísta. La a-dualidad se refiere a una percepción

---

7. «Tò ón légetai polacos.» Aristóteles, *Metafísica*, IV,2 (1033a33).
8. Rig Veda I,164,46.

de la realidad que no es dualista pero tampoco monista, ya que la experiencia de lo real es simultáneamente identidad y diferencia, unicidad y diversidad. Sobre este término de la no-dualidad volveremos reiteradamente. Veamos en el siguiente apartado a qué se refiere la no-acción.

5 ACTIVIDAD *VERSUS* NO-ACCIÓN

La sociedad occidental se ha construido sobre el hacer. Esta actuación continua, casi compulsiva, hace que un occidental se exaspere ante el aparente conformismo de ciertas actitudes orientales. Este malentendido se refleja en la expresión taoísta *wu-wei*, insuficientemente traducida por 'no-acción'. Sería mejor decir 'actuación en el vacío', porque no se está refiriendo a la pasividad o a la quietud, que sería lo contrario de la acción, sino que integra en la palabra *wu* ('vacío') un tipo de actividad que fluye con las cosas sin violentarlas, en el movimiento cíclico del devenir marcado por la polaridad *yin-yang*. Así está ilustrado por un relato de Zhuangzi:

> Un tallista de madera llamado Xing acababa de hacer un yugo de campana, y todo el que lo miraba quedaba maravillado, porque parecía una obra de espíritus. Cuando el duque de Lu lo vio, le preguntó:
> —¿Qué tipo de genio es el tuyo que es capaz de hacer algo así?
> Y el tallista le respondió:
> —Señor, no soy más que un trabajador. No soy un genio. Pero os diré una cosa: cuando tengo que hacer un yugo de campana, antes me estoy tres días meditando para sosegar la mente. Pasados estos tres días, ya no pienso en recompensas ni en remu-

neraciones. Si medito durante cinco días, ya no me preocupan los elogios ni las críticas, la destreza o la inepcia. Cuando he meditado durante siete días, llego a olvidarme de los miembros del cuerpo e incluso del propio yo; pierdo la conciencia de todo lo que me rodea. Solo me queda la pericia. Entonces voy al bosque y examino cada árbol, hasta que encuentro uno en el que capto toda la perfección del yugo de la campana. Enseguida, las manos se ponen a trabajar. Como he dejado de lado a mi yo, la naturaleza se encuentra con la naturaleza en la obra que se realiza a través de mí. Sin duda, esta es la razón por la que todo el mundo dice que el producto final es obra de espíritus.[9]

Este no-actuar (*wu-wei*) lleva a una acción más pura que no nace de la voluntad ni violenta la realidad, sino que busca integrarse en ella. En palabras del propio Zhuangzi:

> El hombre perfecto no actúa ni tampoco actúan los grandes sabios [como hace el Tao] [...]. El Tao, oscuro, existe como si no existiera; lleno de vida, es fuerza espiritual sin forma. Alimenta todos los seres sin que ellos se den cuenta. Se le llama *raíz primera* y quien conoce esto puede observar el cielo.[10]

Este conocimiento es sabiduría. Nace de una actitud ante la vida de quien sabe acoger las pasividades, como son la enfermedad, la vejez y, en último término, la muerte. Teilhard de Chardin ya habló de la importancia de saber integrar las pasividades de crecimiento así como las pasividades de disminución.[11] Pero esto no se improvisa. Si vivimos solo

---

9. Zhuangzi, *Maestro Chuang Tsé*, Kairós, Barcelona, 2007, p. 194 y 201.
10. *Ibid.*, p. 221-222.
11. Pierre Teilhard de Chardin, *El medio divino*, Alianza, Madrid, 1995, parte II.

conquistando y poseyendo, la muerte es la hora del mayor fracaso. Pero si vivimos cada instante como don, la muerte se nos revela como la ocasión del ofrecimiento supremo. En el hinduismo se conciben cuatro estadios de la vida: el *bramacharya*, en el que los adolescentes se retiran a los monasterios a aprender las escrituras sagradas; un segundo estadio, *grahastya,* en el que vuelven a la sociedad, se casan, fundan una familia y se incorporan de lleno a la labor profesional; el tercer estadio, *vanaprasthya*, se corresponde al inicio de la ancianidad, en el que empiezan a disminuir su implicación en la vida social pero aún están presentes en ella aportando su experiencia, cuidando de los nietos… Finalmente viene la etapa del *sannyasa* ('renunciante'), donde el ideal es dejarlo todo y retirarse a los bosques, a las montañas o a los lugares de peregrinación para prepararse para el Gran Viaje. Este es otro de los aprendizajes que Occidente tiene que hacer si queremos vivir con sentido el último tramo de nuestra vida. He aquí este testimonio de Raimon Panikkar de cómo en Oriente se convive con más familiaridad con el hecho de tener que morir:

> Esto sucedió hace unos treinta años, a orillas del Ganges, en Benarés. Una mujer, que podría tener tanto treinta como cincuenta años —de tal manera la tuberculosis le había afectado—, tenía a su hijo pequeño entre los brazos y otra hija de unos dos años a su lado. No había esperanza para ella. Había sido víctima de un marido alcohólico que finalmente la había abandonado. Una vida, pues, que desde todos los puntos de vista había sido sufrimiento y fracaso. Con toda probabilidad, el pequeño que llevaba en sus brazos iba a morir, y ella misma sabía que tampoco a ella le quedaba mucho tiempo de vida. Estuvimos hablando. Cargado de mis prejuicios cristianos, o mejor aún, simplemente humanos,

trataba de consolarla y le decía: «¿Cómo puedes soportar esta vida?» Ella no era cristiana, sino hindú. Para mi sorpresa, esta mujer —su recuerdo todavía hoy me emociona— me expresó la alegría que tenía de haber sido invitada al banquete de la vida, de haber tenido la felicidad de una vida conyugal, por muy breve que hubiera sido —pues muy pronto había conocido el horror—, la felicidad de haber sido madre dos veces y saber que ahora este convite llegaba a su fin. Y ella estaba allí, llena de agradecimiento, de alegría por haber sido invitada, de la nada, a disfrutar de un momento de plenitud. ¿Qué podía desear más? ¿Un futuro, que no existía, o al menos no todavía? ¿El recuerdo de un pasado que ya no estaba? Ella había vivido y esa luz de un instante le bastaba con creces.[12]

La actitud de esta mujer no es la sumisión sino la asunción pacífica y agradecida de la vida, la cual contiene inevitablemente su contrario, que es la muerte. Una cultura que esconde la muerte es una cultura que no sabe vivir, que ya está muerta. La vida es el arte de aprender a morir. En todo momento estamos prendiendo y desprendiéndonos tal como está ritmado en la respiración. Si no nos sabemos desprender es que no sabemos vivir por haber practicado solo la acumulación.

6 VÍA POSITIVA *VERSUS* VÍA NEGATIVA

La cultura occidental está construida sobre el valor de las palabras y la claridad de los conceptos. Ha preferido la vía

---

12. Raimon PANIKKAR, *Entre Déu i el Cosmos. Una visió a-dualista de la realitat. Converses amb Gwendoline Jarczyk* [1998], Pagès, Lleida, 2006, p. 90.

catafática, 'según la afirmación', creyendo en la capacidad designativa del lenguaje, con el riesgo de hablar hasta la saciedad. Mucho antes de Descartes, la teología y filosofía medievales habían optado por el método escolástico-aristotélico; desde entonces la mente occidental se decantó por las nociones *claras y distintas*. Oriente, en cambio, desconfía mucho más de las palabras y de los conceptos. Sabe que pueden ser tóxicos y engañosos. Por eso se decanta por la vía *apofática*, 'más allá de la afirmación'. Es célebre el discurso del Buddha en que sus discípulos no dejaban de hacerle preguntas sobre el nirvana. Él callaba. Finalmente, tomó una flor y la ofreció. Solo Ananda, su discípulo preferido, comprendió: lo que es, solo puede ser recibido, no descrito. En esta atmósfera nos sitúa el primer versículo del Daodejing:

> El Tao que puede ser expresado no es el Tao eterno. El nombre que puede ser definido no es el nombre inmutable.

Y en palabras de Zuangzi:

> El Cielo y la Tierra poseen una inmensa belleza, pero no hablan nunca de ella. Obedecen a las cuatro estaciones en una brillante ley, pero nunca debaten sobre ella. Todos los seres se forman en torno a una razón, pero no dicen nada sobre ella. El sabio se remonta al origen de la gran belleza del Cielo y la Tierra y comprende la razón de todos los seres.[13]

Es cierto que la teología cristiana es consciente del carácter inefable de Dios. No en vano el Concilio IV de Letrán (1215-1216) declaró: «No se puede afirmar tanta semejanza entre el Creador y la criatura sin necesidad de afirmar más

---

13. Zhuangzi, *Maestro Chuang Tsé*, p. 221.

grande la desemejanza.» Sin embargo, pocas veces el pensamiento cristiano ha construido su discurso desde aquí. En Oriente, en cambio, las verdades más profundas o bien no se expresan, o bien se evocan simbólicamente. El silencio nos inquieta a los occidentales. Hemos construido una cultura del ruido y de la palabra excesiva. La misma liturgia cristiana no deja mucho espacio al silencio. Pero la vida, como un poema, está hecha tanto de palabras como de espacios en blanco. Occidente pone las palabras; Oriente, el espacio en blanco. Si no hubiera el blanco de la hoja solo habría tinta emborronada. Pero también la letra es necesaria para dar un contenido. Ahora bien, el oriental nunca sustituirá el concepto por la experiencia. De ahí el frecuente recurso a los relatos, característico también de las religiones semíticas, mientras que en Occidente tendemos a preferir las ideas y las formulaciones abstractas sobre la vivencia. Una sencilla pero significativa ilustración de ello es que, en Occidente, los libros de aprendizaje de cualquier materia contienen en primer lugar las lecciones teóricas y después las prácticas. En Oriente, en cambio, primero se proponen los ejercicios y solo después se da la explicación teórica.

7 RECAPITULACIÓN: PLENITUD Y VACUIDAD

Quizá la mejor manera de sintetizar la polaridad que existe entre Oriente y Occidente sea esta: Occidente anhela plenitud mientras que Oriente propone vacuidad. El deseo de plenitud expresa la condición de un yo carente que está siempre en busca de algo. Desear, del latín *desiderare*, significa 'tender hacia las estrellas'. Si bien el deseo nos dinamiza y nos hace crecer y transformar la exterioridad, también tiene el riesgo de fomentar una permanente lejanía entre el sujeto deseante y el objeto deseado. Mientras se dé esta separación, la felicidad dependerá siempre de algo por alcanzar, lo que aboca a una agonía interminable. La sensación de carencia es la que crea infelicidad.

Buscamos cosas para consolarnos, con lo que aumenta la percepción de carencia y nos alejamos del camino que nos podría liberar de ello. Las sabidurías de Oriente acentúan el no-deseo y la vacuidad donde el yo desaparece. Dice un maestro: «No necesitas nada para ser feliz. En cambio, necesitas algo para estar triste.» Solo así se puede comprender este texto de Laozi tan alejado de nuestra opción cultural:

> Que el territorio sea pequeño, escasa la población;
> si hubiera toda clase de cosas, no se utilizarían.
> Si el pueblo respetara la muerte, no emigraría a lugares remotos.
> Aunque hubiera carros y barcos
> no habría necesidad de tomarlos.
> Aunque hubiera corazas y armas
> no habría de qué enorgullecerse […].
> Encontrarían gustosa la comida,
> bellos sus vestidos,
> pacíficos sus hogares,
> placenteras sus costumbres.
> Los poblados vecinos estarían a la vista,
> Se oiría el canto de sus gallos y el ladrido de sus perros,
> pero la gente envejecería sin haberse jamás visitado.
>
> Daodejing, 80

Las poblaciones no habrían tenido la necesidad de visitarse porque cada uno habría descubierto que contiene en sí mismo lo que busca en el otro. Esta simplicidad o esencialidad evoca un vacío que no está vacío, sino que es la matriz de toda posibilidad. Tal es el significado de la raíz *sun-* del término sánscrito *sunyata*, 'vacuidad'. *Sun* indica el espacio vacío que aparece cuando se dilata el vientre de una mujer al engendrar. Es el mismo vacío (*wu*) del que habla el taoísmo:

> Treinta radios convergen en el centro
> pero es el vacío que hay entre ellos
> lo que hace mover el carro.
>
> Se trabaja para hacer recipientes,
> pero es el vacío interno
> lo que posibilita su uso.
>
> Una casa está agujereada de puertas y ventanas.
> Sigue siendo el vacío
> lo que permite habitarla.
>
> El ser ofrece unas posibilidades,
> y por el no-ser se utilizan.
>
> Daodejing, 11

En Oriente, la búsqueda de plenitud de un yo anhelante se percibe como saturación; en Occidente, la búsqueda de vacuidad donde el yo desaparece se interpreta como exaltación del nihilismo. Pero si nos esforzamos en comprendernos desde el ángulo del otro, entenderemos que la vacuidad es espaciosidad siempre abierta a más realidad y que la plenitud pone un contenido específico a esta espaciosidad posibilitada por la vacuidad.

La existencia humana está hecha de actividades y de pasividades, de palabras y de silencios, de masculinidad (*Yang*) y de feminidad (*Yin*), de razones y de contradicciones. Oriente y Occidente representan dos maneras de estar en el mundo que se complementan, tal como lo hacen el hemisferio cerebral derecho y el hemisferio cerebral izquierdo. Nos necesitamos mutuamente. Hoy, más que nunca, estamos llamados a desarrollar la persona y la civilización integrales.

V

EL CAMINO DEL YOGA

> *El yoga constituye una dimensión específica del espíritu indio. Dondequiera que hayan penetrado la religión y la cultura indias, se encuentra igualmente una forma más o menos pura de yoga.*
>
> MIRCEA ELIADE

La India ha sido la cuna de las más variadas búsquedas del Absoluto. Desde tiempos muy antiguos, atletas del espíritu se han adentrado en los valles de los Himalayas o en la espesura de la jungla en busca de lo Supremo. La palabra que aglutina todas estas corrientes es *yoga*. Proviene de la raíz indoeuropea *yuj-*, 'aquello que une'. De aquí derivan términos como *yugo, yunta, uncir, juntar*, etc. La unión con el Absoluto es lo que se busca, y al mismo tiempo que se produce esta unión con la Realidad última se van unificando las diversas dimensiones de la condición humana: cuerpo, psiquismo, mente, centros de energía, espíritu, palabra, gesto, acción, todo ello concentrado en una única dirección. Su práctica se remonta a tiempos muy antiguos. Aparece mencionado en algunos *Upanishads*. No se sabe si pertenece al patrimonio cultural de los pueblos que habitaban el suelo índico antes de la llegada de los arios o si se trata del desarrollo genuino de la civilización aria y de los Vedas. Aparece ya insinuado en los *Aranyaka* (hacia el siglo VIII a. de C.), sección de la literatura védica que se dirige a los que se retiran a la jungla para entregarse a la ascesis (*tapas*), al sacrificio (*yajna*) y a la meditación (*dhyana*). Se lee: «Nosotros, que por la ascesis alumbramos el fuego del espíritu, podamos ser apreciados por los Veda.»[1]

I LAS ETAPAS DEL CAMINO

Aunque dentro del yoga hay una profusión de escuelas y caminos, voy a abordar su presentación a partir de la síntesis en ocho etapas propuesta por Patanjali en los Sutras del Yoga entre los siglos III a. de C. y III d. de C. Hay quien ha visto en estas ocho etapas una reminiscencia del óctuple camino buddhista. Ciertamente, no hay que descartar esta posibilidad.[2]

a Renuncias y adhesiones

El yoga comienza por unas prescripciones éticas. Ello nos sitúa en un marco completamente distinto al de la mera gimnasia. Indica que estamos ante una práctica que engloba la totalidad de la vida. La ética (*ethos*, 'comportamiento') es condición y a la vez verificación de que uno se ha comprome-

---

1. *Athara-Veda*, VII, 61, 1.
2. *Cf.* Òscar PUJOL y Atilano DOMÍNGUEZ, *Patanjali-Spinoza*, Pre-Textos, Valencia, 2009, p. 37. Una referencia ineludible para acercarse a esta obra clásica es Mircea ELIADE, *Patanjali y el yoga*, Paidós, Barcelona, 1987.

tido con esta vía. Estamos ante una propuesta que pretende transformar integralmente al practicante, desde sus fuerzas más elementales hasta las más altas, y llevarlo a una calidad diferente de existencia.

La primera etapa comienza por cinco renuncias (*yamas*) o controles sobre uno mismo: no-violencia (*ahimsa*), no robar (*asteya*), no acumular bienes (*aparigraha*), castidad (*brahmacharya*) y veracidad (*satya*). En estas cinco contenciones están presentes las pulsiones básicas del ser humano: la agresividad, la avidez del tener, la líbido o los deseos afectivo-sexuales y la importancia de la palabra humana como vehículo de comunicación. Cinco de los once votos establecidos por Gandhi para los *satyagraha* ('comprometidos con la verdad') están tomados de aquí. Además, añadió otros seis: el dominio del paladar (*rasajaya*), la intrepidez (*abhaya*), ganarse el pan con el propio esfuerzo (*yajna*), el respeto por todas las creencias (*samadharma drishti*), servir a los demás y hacer uso de los productos locales (*svadeshi*), y la abolición de la intocabilidad (*harijanmukti*). Todo ello marca el inicio del desegocentramiento. Y es que los caminos espirituales saben que para alcanzar las más altas cimas de la contemplación y de la unión hay que comenzar desde los cimientos. Solo así la ascensión puede ser sólida, sin saltarse ninguna etapa del camino. Se trata de un ejercicio de humildad sobre el que hay que volver una y otra vez y que hay que atender en todo momento, hasta el último día de vida en la tierra. En toda individuación hay una autorreferencia egoica por contener, canalizar y transformar continuamente.

El desarrollo del camino espiritual prosigue con los *niyamas* ('adhesiones' u 'observancias'). Ya no están expresadas en forma de negación sino de afirmación:

1. Ascesis (*tapas*): significa 'calor', 'ardor', 'fuego'. Es la energía que se produce al ejercitarse ascética y espiritualmente, un trabajo interior que revitaliza interiormente. De aquí el color azafrán de los *sannyasis* y *swamis* hindúes.
2. Limpieza (*saucha*): hace referencia no solo a la higiene del cuerpo sino también a la del alma. Ambas limpiezas son inconcebibles separadamente. La una es reflejo de la otra.
3. Alegría (*santosha*): es significativo que esta observancia aparezca aquí. Indica que la práctica del yoga es una celebración, no una obligación. En estadios más avanzados, esta alegría se convierte en algo más hondo: *ananda*, que es uno de los atributos de la Realidad Última, junto con la verdad (*sat*) y la conciencia (*chit*). Hallamos una estructura fractal en las etapas de la vida espiritual: en cada una se encuentran todos los elementos, pero cada vez en un grado superior.
4. Estudio de las Escrituras (*svadhyaya*): explicita el fondo religioso de la práctica del yoga. En un contexto secularizado o plurirreligioso como el nuestro, las Escrituras se pueden entender en un sentido amplio: aquellos textos que contienen experiencia y sabiduría y que ayudan a avanzar en el camino espiritual.
5. Entrega a Dios (*Ishavra pranidhana*): no hay avance sin entrega, sin una donación incondicional a una causa o a un Ser mayor que uno mismo, que nuestra existencia individual.

b Posturas y respiración

Con el tercer y cuarto estadios, las posturas (*asanas*) y el control de la respiración (*pranayamas*), entramos en el terreno más característico del yoga: la utilización del cuerpo como vehículo del trabajo y de la transformación integral. Si bien en Occidente se ha considerado que el obstáculo del espíritu era el cuerpo, en Oriente se considera que el mayor estorbo procede de la mente. El cuerpo es un instrumento que, según sea el estado de la mente, puede ser vehículo o estorbo para adentrarse en las más altas regiones del ser.

El yoga ha desarrollado unas técnicas y sabidurías milenarias sobre cómo disponer el cuerpo para hacerlo receptáculo e instrumento del espíritu (*atman*). Cada postura afecta simultáneamente a diversos planos de la realidad: el físico, el psíquico-emocional, el energético y el espiritual. De aquí que cada *asana* se pueda convertir en pasaje hacia zonas más hondas de uno mismo, no a pesar del cuerpo sino precisamente a través de él y gracias a él. Cada *asana* puede ser una puerta al infinito.

El camino prosigue y se profundiza con el control de la respiración (*pranayama*). En el yoga se considera que el aire está lleno de *prana*, energía primordial. Aquí se da también una integración: oxígeno para los pulmones y células y *prana* para los planos energético y espiritual, que están indivisiblemente conectados. Puesta la atención en el ritmo de la inspiración y de la expiración, las posibilidades son infinitas. Porque la respiración no es solo una técnica, sino la práctica de una atención que repercute en los demás actos y ámbitos de la vida.

En la corriente del *tantra*, el *pranayama* tiene una particular relevancia. Propiamente, se llama tantrismo a los métodos prácticos, los ritos y técnicas que permiten vincular la experiencia del yoga con los principios universales de la cosmología del Samkhya.³ Este sistema de pensamiento considera que la realidad está regida por dos principios: el espíritu (*purusha*) —trascendente, inmanifiesto y de representación masculina— y la materia (*prakriti*) —sustancia primordial manifestada y de representación femenina. El ser humano se halla en el punto de encuentro entre ambas y su misión está en unirlas. El tantra desarrolla y utiliza las posibilidades físicas, sutiles y espirituales del ser humano, teniendo en cuenta todos los aspectos del ser vivo y su correspondencia con todos los aspectos del Ser cósmico. El cuerpo es el instrumento de la realización. El método tántrico tiene como objetivo despertar, utilizar y controlar las energías potenciales ligadas a las funciones del cuerpo partiendo de la energía enroscada en el centro de la base de la médula espinal. Esta capacidad no está directamente bajo el control del pensamiento ni de la voluntad.[4]

c *Recogimiento de los sentidos*

El quinto paso consiste en la retracción de los cinco sentidos (*pratyahara*), las cinco puertas de contacto con la exterioridad. Dice Patanjali: «Al igual que la mente retrae su atención de las apariencias sensoriales, así se retraen los órganos

---

3. *Cf.* Īśvarakṛṣṇa, *Les estrofes del Sāṃkhya*, edición y traducción de Laia Villegas, Fragmenta, Barcelona, 2007.
4. *Cf.* Alain Daniélou, *Shiva y Dionisos* [1979], Kairós, Barcelona, 1986, p. 211.

de los sentidos ante las cosas.» (II,54-55) Se trata de recuperar la energía que se desgasta en la extroversión para dirigirla hacia el interior. El control, sobre todo, de la mirada, del oído y del habla está representado en las célebres figuras de los tres monos en las que uno se tapa los ojos, otro las orejas y el otro la boca para poder acceder al despertar del ojo, oído y habla interiores.

Hasta aquí llegan los pasos exteriores o no esenciales (*bahiranga*). A continuación siguen los tres últimos estadios interiores o esenciales (*antaranga*), que algunos identifican con el *Raja Yoga* (el Yoga Real). También son llamados *samyama*. *Sam* indica 'unidad' y *yama* significa 'duración', 'continuidad', 'resistencia', 'moderación'. Cada uno de los tres estadios se difracta en múltiples etapas, aunque una excesiva clasificación corre el peligro de caer en la cosificación y medición, poco adecuadas para la vida en el espíritu.

d Concentración, meditación y absorción

Puestas las bases corporales y energéticas, empieza a aquietarse la mente y ello posibilita adentrarse en regiones más profundas. En la India es inconcebible una práctica de las posturas y de la respiración que no lleve a la meditación. Sería como aprender un vocabulario y una gramática y luego no leer ningún poema de la lengua en la que hemos sido iniciados. Los primeros pasos están en función de los segundos. Hay que evitar que Occidente empobrezca el legado de Oriente reduciendo el yoga a una pacífica gimnasia. Los pasos que siguen son tan altos, sorprendentes y profundos como los Himalayas, donde las cumbres esperan con sus nieves perpetuas. Las diversas escuelas son prolijas en proponer medios e instrumentos para calmar los pensamientos y guiar hacia la contemplación.

La concentración (*dharana*) consiste en lograr centrar la atención de la mente en un objeto único, ya sea exterior —visualizándolo— o interior —imaginándolo. El soporte más común es la llama de una vela, la cual se comienza observando fuera y acaba siendo interiorizada en una imagen. El otro soporte es la respiración, centrando la atención en algún punto determinado: en la entrada de las fosas nasales, en la raíz de la nariz —el entrecejo— o en el movimiento del diafragma que se dilata y se contrae con cada inhalación y exhalación.

La meditación (*dhyana*) se corresponde con lo que en Occidente se entiende por contemplación. La meditación del yoga no es un ejercicio de razonamiento, que es lo que en Occidente se identifica por meditar, sino un flujo de conciencia-conocimiento interiores. Patanjali describe la meditación como «una comprensión fusible que reintegra la conciencia de un modo más progresivo» (III,2). Ello indica una participación cada vez mayor en aquello que se está meditando, desapareciendo la distinción entre el sujeto que medita y el objeto meditado.

> La conciencia que persevera, abarca desde lo más pequeño hasta lo más grande.
>
> I,40

> Cuando la conciencia se encuentra completamente liberada del deseo de obtener resultados, se nos revela la verdadera naturaleza de las cosas.
>
> I,47

El desapego de las perturbaciones externas proporciona un gran conocimiento, lo que conduce a una conciencia redescubierta y con luz propia.

III,43

La mente adquiere una disposición permanente hacia la serenidad cuando la eliminación del deseo se convierte en algo habitual.

III,10

De este modo se alcanza el último estado, el *samadhi*, que se puede traducir por 'absorción':

Gracias a la entrega del yo al ideal de la suprema individualidad, adquirimos la comprensión de ese ideal (*samadhi*).

I,45

Mircea Eliade tradujo *samadhi* por *enstasis*,[5] 'salida hacia dentro', para distinguirla del *éxtasis*, 'salida de uno mismo hacia fuera', que sería más específica de la mística cristiana. Se trata de un estado de plena absorción en la propia interioridad, allí donde el *atman* ('espíritu personal de cada uno') se identifica con el *Para-Atman* ('el Espíritu Universal'), siendo transportado más allá de las nociones ordinarias de espacio y tiempo. El resultado del *samadhi* es la identificación del que medita con aquello que se medita. Se distingue entre *samadhi* «con soporte» (*samprajnata-samadhi*), donde la contemplación todavía está ligada a una determinada forma, y *samadhi* «sin soporte» (*nirvitarka-samadhi*), donde se ha trascendido toda forma. Esta distinción se corresponde con la que se atribuye al Ser Último, el cual se diferencia entre *Brahman nirguna*, 'sin atributos', o 'más allá de todo atribu-

---

5. ELIADE, *Patanjali y el yoga*, pp. 62-64.

to', y *Brahman saguna*, 'con atributos', es decir, cognoscible para el ser humano.

La práctica sostenida del yoga transforma al yogui en un *jivanmukta*, un 'viviente liberado', liberado de la noción de un yo separado porque ha alcanzado la unión con la Ultimidad de la que todo emana.

2 LOS TRES ÁMBITOS ANTROPOLÓGICOS

En todas las tradiciones espirituales, la práctica de la meditación no vale por sí misma, sino por los efectos que deja en la persona hasta convertirla en un ser luminoso en medio de sus contemporáneos. El yoga alcanza su objetivo cuando toda la vida está unificada, cuando los distintos ámbitos de la existencia se viven desde este estado de unión con lo Supremo, en armonía interior y con el entorno. En la tradición hindú esta integralidad del proceso está expresada en las tres vías (*margas*): la acción, el conocimiento y el amor. La aportación y valor de la Bhagavad Gita, un texto datado hacia el siglo III a. de C., consiste en haber sintetizado de una forma sublime estos tres caminos y en haberlos hecho accesibles a la mayoría, liberándolos del secuestro de una élite.

a Karma Yoga o el camino de la acción

Karma es la palabra sánscrita para decir *acción*. Esta acción tiene un efecto externo en la medida que incide en el entorno y un efecto interno en cuanto que las repercusiones psíquicas, éticas y espirituales de cada acto quedan grabadas en la persona. De aquí la noción de *karma* comúnmente asociada a las reencarnaciones, en cuanto que se refiere al poso que toda acción deja en el ser vivo. Lo propio del yoga de la acción es poner el acento en la cualidad, atención e intención de la acción que se realiza, no en sus resultados. El primer mensaje insistente de la Bhagavad Gita es realizar la acción sin intereses del ego:

> Concentra tu mente en tu trabajo, pero nunca permitas que tu corazón se apegue a los resultados. Nunca trabajes por amor a la recompensa, y realiza tu trabajo con constancia y regularidad.
> Bhagavad Gita 2,47

> Realiza tu trabajo en la paz del yoga, lejos de todo deseo egoísta, desapegado del éxito tanto como del fracaso. La paz del yoga es estable y permanente, pues trae equilibro a tu mente.
> Bhagavad Gita 2,48

> La persona que abandona el orgullo de la posesión, libre del sentimiento del «yo» y de «lo mío», alcanza la paz suprema.
> Bhagavad Gita 2,71

Si bien en el yoga se considera que la transformación del mundo pasa primeramente por la transformación de uno mismo, ello no conduce a la inacción sino a un modo totalmente lúcido de actuar:

> Haz tu tarea en la vida, porque la acción es superior a la inacción. Ni siquiera el cuerpo podría subsistir si no hubiese actividad vital en él.
> Bhagavad Gita 3,8

La práctica del yoga no lleva a la reclusión monástica, sino a un monacato interiorizado, en el sentido original del término *monachos*, 'uno', 'unificado', frente a la dispersión y fragmentación de una vida no trabajada, no yóguica. Esta acción abarca todos los aspectos de la vida: el comer, el dormir, el caminar, el modo de relacionarse con las personas y las cosas, el ámbito laboral, etc. La novedad de la Bhagavad Gita consistió en equiparar el camino de la acción y del compromiso ético a los otros dos consagrados por la tradición.

b Jnana Yoga o el camino del conocimiento

El conocimiento que el yoga trata de despertar no procede de la mente (*manas*) sino de *buddhi*, el órgano interior del intelecto o de la conciencia que es capaz de percibir el espíritu (*atman*). Así se expresa la Bhagavad Gita:

> Aquella persona que halla su felicidad en la visión interior del conocimiento tiene sujetos sus sentidos, y su corazón está lleno de gozo, debido a la experiencia de su propia vida interior. Solo entonces se le puede reconocer como un yogui en armonía. Una vez que ha alcanzado este estadio, para tal persona el oro no tiene más valor que cualquier otra piedra de la tierra.
>
> Bhagavad Gita 6,8

El yogui, la persona unificada, consigue percibir la sacralidad de todas las cosas porque todas las formas son manifestación de la Única Realidad:

> Cuando tal persona me ve en todo y ve todo en mí, Yo ya nunca le abandono y ella nunca me abandona a Mí.
>
> Bhagavad Gita 6,31

Te basta con saber que con una pequeña parte de mi ser mantengo el universo entero. En realidad, Yo Soy.

Bhagavad Gita 10,42

Este conocimiento que permite reconocer a Brahman en todas las cosas y a todas las cosas en él procede de la pureza de intención en el actuar, propia de la vía anterior. En Occidente, como hemos mencionado en el capítulo precedente, el conocimiento está decantado hacia lo exterior. Tratamos de transformar el mundo para acomodarlo a nuestros deseos. Oriente, en cambio, ha dirigido el conocimiento hacia la transformación de la interioridad. Una modalidad de este conocimiento es *viveka*, traducible por 'discernimiento entre lo que es permanente y lo que es impermanente'. Consiste en darse cuenta de que el yo individual no está separado de la totalidad, sino que se halla inmerso en el Único Ser que es la fuente de lo existente. Este conocimiento transformante es conocido en el hinduismo como *jnana*, término que procede de la misma raíz que *gnosis* y *gen*, 'nacer', ya que engendra una nueva relación con respecto de Aquel al que se conoce. Todo ello se designa también como *anubhava*, experiencia transformante que convierte al yogui en aquello que antes solo conocía mentalmente. Las Upanishads solo se pueden comprender desde este conocimiento experiencial. Por ello inicialmente solo se transmitían oralmente de maestro a discípulo. De ahí su nombre: 'junto a' (*upa*), 'sentado' (*nishad*).

Cuanto más desegocentramiento, más claridad en la conciencia. El conocimiento final es que lo Supremo está en todo; es más, que todo es lo Supremo:

> Brahman es lo que debe ser conocido; carece de principio y de fin, es la Ultimidad. Está más allá de lo que es y de lo que no es [...]. Está en todas partes. Él realmente es [...]. Está dentro y fuera de todo, pues todo lo penetra [...]. Indivisible, Él es uno con todo, a pesar de que, aparentemente, cada ser es una parte separada.
>
> Bhagavad Gita 13,12-16

El *yoga del conocimiento* consiste en centrar toda la atención mental en el Que es, mediante la disciplina de la meditación. Lo propio de la vía del conocimiento es alcanzar la liberación mediante la percepción integral de que, en último término, la realidad es Brahman: «Conoce a *Brahman* y te convertirás en *Brahman*.»[6] La identidad entre el *atman* individual y la Realidad absoluta a través de la vía cognitiva está recogida en múltiples pasajes y se halla sintetizada en las llamadas Cuatro Grandes Sentencias (*Mahavakya*):

> Tú eres Eso. (*Tat tvam asi.*)
> Yo soy *Brahman*. (*Aham Brahmasmi.*)
> El ser profundo es *Brahman*. (*Ayam atma Brahma.*)
> *Brahman* es conciencia (o El conocimiento es *Brahman*.).
>   (*Prajnanam Brahma.*)

El *jivanmukta*, el viviente transfigurado, no es el que sabe esto sino el que lo ha realizado existencialmente.

c Bhakti Yoga o el camino de la devoción

La tercera dimensión que se transforma con la práctica del yoga es la energía de la afectividad y del amor. *Bhakti* pro-

---

6. Mundaka Upanishad, 3,29.

cede de la raíz *bhak*, que significa 'entrega'. Ante la tendencia dispersa de los afectos, el camino de la donación posibilita la unificación del corazón. Dice Krishna, la personificación de la divinidad que aparece en la Bhagavad Gita:

> Pon tu mente en Mí todo el tiempo. Recuérdame y lucha. Teniendo tu corazón y tu mente puestos en Mí, en verdad vendrás a Mí.
>
> Bhagavad Gita 8,7

> Yo acepto cualquier ofrenda que un alma de ferviente amor me haga con devoción. Ya sea una hoja, o una flor, o una fruta, o incluso un poco de agua fresca. Todo lo acepto porque con corazón puro me ha sido ofrecido por amor.
>
> Bhagavad Gita 9,26

> Cualquier cosa que hagas, comas, des u ofrezcas en adoración, ofrécemelo a Mí. Del mismo modo, cualquier tipo de sufrimiento que venga a tu vida, también ofrécemelo a Mí.
>
> Bhagavad Gita 9,27

> Yo me doy por igual a todos los seres, y Mi amor por todos es el mismo. Pero aquellos que me adoran con devoción están en Mí y yo en ellos.
>
> Bhagavad Gita 9,29

Con semejanzas muy notables a textos cristianos y sufíes, el camino bháktico hindú suscita el abandono incondicional al Absoluto, abriendo el pequeño yo al gran Todo por medio de la atracción por la belleza del Rostro supremo. La tradición india cuenta con grandes místicos poetas que han cantado al Ser Supremo desde el estremecimiento del corazón: Manickavakar (siglo VII), Jnanadeva (siglo XIII), Kabir (siglo XV), Tukaram (siglo XVIII), etc., y, más recientemente, Rabindranath Tagore. De él son estos poemas:

> Ignoro cómo cantas tú, Maestro.
> Te escucho siempre sumido en un silencioso hechizo.
> La luz de tu música ilumina el mundo.
> El aliento de tu música rueda de cielo en cielo [...].
> Mi corazón desea unirse a tu canto,
> pero en vano busca su propia voz [...].
> ¡Oh Maestro, has cautivado mi corazón
> entre las infinitas redes de tu música!
>
> Gitanjali, 3

> Vida de mi vida, procuraré guardar mi cuerpo siempre puro,
> pues sé que cada uno de mis miembros recibe tu contacto vivo [...].
> Toda tarea consistirá en confesarte con mis actos,
> pues sé que es tu poder lo que me da fuerza para obrar.
>
> Gitanjali, 4

> ¡Es a ti a quien quiero! ¡Solo a ti!
> Deja que mi corazón lo repita sin cesar.
> Todos los deseos, que me distraen día y noche,
> son falsos y hueros.
>
> Gitanjali, 37

> ¿No has oído sus pasos silenciosos?
> Él se acerca, se acerca, se acerca sin cesar.
> En cada momento, en cada época, cada día, cada noche,
> se acerca, se acerca, se acerca sin cesar.
>
> Gitanjali, 45

De este modo, por cualquiera de las vías y a la vez mediante el desarrollo de las tres para que el crecimiento sea integral, se puede alcanzar la meta de la liberación. El *jivanmukta* percibe que su existencia individual no existe sino formando parte de la totalidad que le nutre a cada instante. Lo importante de la doctrina de las tres vías es que deben ser desarrolladas simultáneamente. Al mismo tiempo, cada buscador y buscadora (*sadhaka*) está llamado a transitar con mayor profundidad por uno de estos caminos en particular. El discernimiento consiste en descubrir cuál es el que debe preponderar según la llamada y aptitudes personales, cuestión que también varía según las etapas de la vida.

3 LA EXPERIENCIA NO-DUAL (*ADVAITA*)

En la cima se da la experiencia *advaita*, 'no-dual'. Con este término se trata de indicar un estado integral que abarca todos los ámbitos de la existencia en que la conciencia individual y separada se siente y se sabe formar parte de la Realidad última, la cual incluye al resto de los humanos y los demás seres del cosmos. Ello implica una experiencia unificada entre el cuerpo, la mente y el espíritu; entre el yo y los demás; entre el yo y el mundo. En definitiva, se trata de un estado de conciencia que abarca todos los planos de la existencia. Dice la Bhagavad Gita:

> Quien reconoce la unidad universal del Ser, ve con imparcialidad la misma esencia de todos los seres, solidarizándose con ellos tanto en lo placentero como en lo doloroso. Tal persona es la más grande de los yoguis.
>
> Bhagavad Gita 6,32

> La persona que trabaja en silencio y que sabe que su silencio es trabajo, sin duda está iluminada y en su trabajo encuentra paz profunda.
>
> Bhagavad Gita 4,18

> Quien ve el Absoluto en todo lo que hace, en verdad llega al Absoluto. A Él dirige su adoración y a Él ofrece su ofrenda, la cual es Dios mismo ofrecido en el fuego de Dios.
>
> Bhagavad Gita 4,24

> Unos trabajan y así me adoran, al tiempo que practican el yoga de la visión espiritual. Me adoran en mi unidad y en mi multiplicidad, pues no ven diferencias entre ambas.
>
> Bhagavad Gita 9,15

El estado *advaita* se corresponde con lo que en la tradición cristiana se conoce como *vía unitiva*. Si bien en el cristianismo se considera una cima casi inaccesible, en el hinduismo es el punto de partida. No es que se haya de alcanzar esa unión, sino que somos esa unión: «Tú eres eso» (*Tat tvam asi*). Lo que hay que hacer es descubrirlo realizándolo. Para ello existe el yoga. Vivir unificadamente, hacer del yoga un estilo de vida, tal es el objetivo de los que se adentran en este camino. A través de las posturas, de los ejercicios de respiración y de la meditación asidua se va alcanzando una nueva percepción de la realidad. La práctica del yoga puede aportar a nuestro mundo un estilo de vida sostenido por cuatro rasgos:

1. El silenciamiento como un espacio interior que se abre entre el yo, las personas y las cosas calmando la inmediatez del deseo y la precipitación de la mente que está siempre enjuiciando. Permite estar presente en la presencia del Que es y de Lo que es y en el que todo es.
2. Un estado de atención a los movimientos del cuerpo y del psiquismo que permite discernir con lucidez las diversas situaciones ante las que nos encontramos.

3 La austeridad de la dieta con su tendencia vegetariana, lo cual supone una contención del gusto y del deseo, un caminar hacia la austeridad y simplificación de vida, en un mundo en el que hemos de aprender a reducir nuestros deseos si no queremos destrozar el planeta.
4 Un estado de quietud y pacificación internas que adiestran para la no-violencia. La no-violencia es un modo realmente alternativo de vivir, donde el ego cede a sus derechos para crecer en una compasión cada vez mayor por los demás.

VI

LA META DEL BUDDHISMO

> *Vive irradiando con una mente llena de compasión,*
> *llena de alegría compartida y de ecuanimidad,*
> *con una mente magnánima, elevada e inconmensurable,*
> *sin odio ni maldad.*
>
> SIDHARTHA GAUTAMA EL BUDDHA

Si en la etimología de la palabra *yoga* encontrábamos las claves para su comprensión, lo mismo sucede con el buddhismo. El término proviene de *buddhi*, el órgano místico de la iluminación. El Buddha es el que ha despertado a la verdad profunda. Lo que busca el buddhismo es conseguir esta iluminación: percibir que no existe un yo separado ni nada separado de la Realidad incondicionada que origina continuamente todas las formas. Cuando esto es captado, realizado, brotan la sabiduría (*prajna*) y la compasión (*Karuna*) hacia todos los seres.

A veces se ha contrapuesto la imagen del Cristo crucificado, entregado hasta el extremo inimaginable del amor y del dolor, con el rostro estático del Buddha, sentado en posición de loto, encerrado sobre sí mismo con los ojos caídos y con una sonrisa indiferente al sufrimiento humano. De ser este el punto de partida, estaríamos ante dos paradigmas religiosos irreconciliables, ante dos maneras contradictorias de comprender la existencia, el mundo, los demás y la experiencia espiritual, de forma que no habría encuentro ni interpelación posible entre cristianos y buddhistas.

Sin embargo, podemos intentar otro camino: silenciar nuestros juicios y disponernos a comprender lo que sucede en el interior de estos ojos cerrados de Buddha que desprenden una sonrisa similar. Tal vez entonces empezaremos a percibir que esa postura y ese rostro no son la plasmación de la evasión y la impasibilidad, sino la manera más discreta y serena de expresar lo que se busca en el buddhismo: la ecuanimidad (*uppekkhâ*), la sabiduría (*prajna*) y la compasión (*karuna*) por todo y para todos. Sin esta comprensión no dejaremos que el buddhismo nos hable de su manera de expresar y vivir su propia santidad, sino que solo la juzgaremos desde nuestras categorías.

Si para el cristianismo la cruz simboliza la extroversión del amor en solidaridad con todas las formas de dolor y sufrimiento de la humanidad, la postura de loto del Buddha simboliza otra forma de estar presente y de asumir el dolor de los seres humanos: trascendiéndolo. Trascenderlo no es evadirse sino aprender a situarse de otra manera ante él. Respetando, más aún, venerando esta manera de aproximarse, podremos descubrir más semejanzas de las que pensamos.

Thomas Merton, pocos días antes de morir en Bangkok en un encuentro interreligioso monástico, tuvo la siguiente experiencia ante unas grandes estatuas de Buddha en Sri Lanka:

> Mientras miraba estas figuras, de repente, casi violentamente, como si hubiera sido sacudido, me sentí proyectado fuera de la percepción habitual que tenemos de las cosas, y se me hizo evi-

dente y obvia una especie de claridad interior que brotaba del interior de aquellas rocas esculpidas [...]. La roca, toda la materia y la vida en su totalidad están llenas de la esencia de Buddha. Todo es vacío y todo es compasión [...]. Esto es Asia en su pureza, clara, pura, completa. Lo dice todo y no necesita nada. Y porque no necesita nada, puede permitirse ser silenciosa, pasar desapercibida, no ser descubierta. No, no necesita ser descubierta. Somos todos nosotros, los asiáticos incluidos, los que necesitamos descubrirle a ella.[1]

Trataremos de aproximarnos a esta atmósfera y vislumbrar en qué consiste esta «pureza clara, pura, completa». Para alcanzarla, recordemos el óctuple camino que el mismo Buddha enseñó:

1. *Visión correcta*: consiste en distinguir las raíces sanas e insanas de nuestros comportamientos y actitudes. Dicho de otro modo: estar atentos a las semillas de nuestros actos.
2. *Pensamiento correcto*: los pensamientos son las palabras de nuestra mente que la contaminan o, por el contrario, la iluminan. Consiste en la unificación del pensamiento, de la palabra y la acción.
3. *Hablar correcto*: cuidar la veracidad de las propias palabras y escuchar las palabras ajenas.
4. *Acción correcta*: está basada en la no-violencia, en el máximo respeto a todos los seres.
5. *Medio de vida correcto*: se refiere a la austeridad de vida, a la relación con los alimentos, a la honestidad

---

1. Thomas MERTON, *Diario de Asia*, Trotta, Madrid, 2000, p. 214 (anotado el 4 de diciembre de 1968).

profesional, a los hábitos ordinarios de comportamiento, al uso de la sexualidad...
6 *Diligencia correcta*: es la energía necesaria para recorrer el camino.
7 *Atención correcta*: se trata del corazón de las enseñanzas buddhistas. Hacerse presente a uno mismo en todo momento, ser consciente en cada situación. En inglés hay una palabra bella y adecuada para ello: *mindfulness*, 'plenitud de la mente'. En nuestra lengua tiene difícil traducción.
8 *Concentración correcta*: se refiere a la práctica de la meditación, la cual tiene nueve niveles de profundidad.

Las figuras que encarnan la realización de estos ocho caminos son el *arhat* en el Hinayana ('Pequeño Vehículo') y el *boddhisatva* en el Mahayana ('Gran Vehículo'). El *arhat* ('digno') designa a la persona que ha recorrido con tanta perfección la vía búddhica que se ha liberado de todos los vínculos y de todas las pasiones y ha experimentado ya en vida el nirvana. Existen cuatro categorías de *arhats*, que van desde los que todavía será necesario que se reencarnen un máximo de siete veces hasta los que no hará falta que se reencarnen más. En algunos textos pali el *arhat* es sinónimo de *Tatagatha*, epíteto reservado al Buddha histórico y a algunos de sus discípulos. Literalmente significa 'el que ha ido y el que ha vuelto', es decir, aquel que está por encima del ir y del volver porque ha llegado a la esencia de la realidad (*tathata*, 'totalidad').

En el Mahayana ('Gran Vehículo'), la figura que expresa el ideal del buddhismo es el *bodhisattva*, 'aquel que ha alcanzado la esencia de la iluminación', pero que renuncia entrar en el nirvana hasta que no lo haya hecho el último ser. Hasta cierto punto, el Mahayana contrapone la figura del *boddhisattva* a la del *arhat* en la medida en que considera que este solo busca alcanzar su propio nirvana, mientras que el *boddhisattva* lo pospone en bien de todos los seres.

Para exponer los rasgos que caracterizan el ideal buddista voy a frecuentar los relatos. Por dos razones: primero, porque Oriente se expresa mejor a sí mismo mediante las narraciones y las parábolas que por medio de conceptos abstractos, y en segundo lugar porque la iluminación es ante todo una cuestión de testimonio, y es así como se transmite y se contagia. A través de diferentes relatos iremos recorriendo un itinerario que comienza por la extinción del yo y culmina en la compasión universal.

1 LA EXTINCIÓN DEL YO

Sin duda, podemos decir que la esencia del buddhismo gravita en torno a la captación existencial de la inconsistencia del yo. Ya hemos mencionado que, según la doctrina más clásica, el yo es un espejismo provocado por una percepción errónea de los cinco agregados (*skhanda*) que constituyen el soporte del ser humano: la corporeidad, las sensaciones, las percepciones de objetos físicos y mentales, las construcciones psíquicas (fuente de los actos voluntarios) y la conciencia. Mientras se está aferrado a estos soportes, los humanos conocen el dolor (*dhukka*), porque están apresados por la sed del deseo (*trishna*) que el espejismo del yo provoca. La iluminación proviene de la liberación de esta avidez del *yo* y de lo *mío*.

Dos monjes llevaban muchos años juntos y nunca habían discutido entre ellos. Un día cayeron en la cuenta de ello y quedaron sorprendidos. Se dijeron que no podía ser, que tenían que conocer la experiencia de tanta gente que se pelea; de otro modo no podrían comprenderlos ni ayudarlos. A uno de ellos se le ocurrió lo siguiente: tomaría una piedra y agarrándola con firmeza diría que era suya; el otro haría como si también la quisiera y negaría que fuera del primero, porque había sido él quien la había visto antes, y así se pondrían a discutir. A su compañero le pareció muy bien la idea. Y empezaron. El primero tomó una piedra y dijo: «¡Es mía!» El otro le respondió: «Bueno, si dices que es tuya, será tuya. Quédate con ella.» No sabían cómo continuar la discusión. Intercambiaron los papeles, pero volvió a pasar lo mismo. Finalmente lo dejaron correr, descubriendo que las discusiones, las disputas y las guerras entre los humanos comienzan cuando alguien empieza a decir: «Esto es mío.»

Cuando no hay yo, no solo desaparece el *mío* de la posesividad, sino que uno ya no necesita defenderse a sí mismo porque ha quedado del todo desarmado. Su indefensión es lo que purifica a su agresor.

Un monje vivía en una cabaña cerca de una aldea. Era venerado y respetado por todos. Pero la hija del jefe de la aldea quedó embarazada de un chico. Cuando la joven fue descubierta y fue interrogada por su padre, al verse amenazada de muerte por las tradiciones de aquellas tierras, acusó al monje de haberla violado. Cuando nació el niño, el jefe de la aldea con su hija y todos los habitantes del pueblo se presentaron ante la cabaña del monje y dejaron al niño en la puerta diciéndole: «Ya que lo has hecho tú, ahora cúidalo tú», y se marcharon después de insultarlo y aporrearlo. Pasaron los meses y los años, y todo el mundo se acostumbró a ver al monje con el niño pidiendo limosna por las calles. Un día frío de invierno, en plena tormenta, la joven que había acusado injustamente al monje sacó la cabeza por la ventana, y vio a su hijo de la mano del anciano, ambos temblorosos y pidiendo comida por las casas del pueblo. No pudiendo soportar más aquella situación, confesó la verdad a su padre. Este, consternado, convocó de nuevo a todo el pueblo y fueron a la cabaña del ermitaño. Al pedirle excusas y rogarle que devolviera el niño, solo respondió: «Ah, ¿tenía otro padre?» Y entregando el niño, reanudó sus tareas de siempre.[2]

La ausencia del yo libera de la necesidad de justificarse. En este estado no se conoce la humillación, porque no hay un ego que pueda ofenderse. La persona se convierte en el espejo de los demás: devuelve a cada uno lo que le es lanzado. Esta búsqueda de la extinción del yo llega hasta los detalles aparentemente más insignificantes. Porque son estos detalles los que revelan el grado real —no imaginado o deseado— de desapego:

> Pidieron a un célebre abad de un monasterio que oficiara los funerales del gobernador de la región. El abad era un hombre de origen sencillo que nunca había estado entre personalidades oficiales ni importantes, y se sintió nervioso. Mientras celebraba la ceremonia, notó que sudaba debido a la tensión que le provocaba la presencia de todas aquellas autoridades. Al día siguiente, reunió a la comunidad y les dijo que no era digno de su cargo, porque había descubierto que aún estaba pendiente de quedar bien. Abandonó el monasterio y se hizo monje errante. Al cabo de ocho años volvió al monasterio, habiendo alcanzado la iluminación.[3]

---

2. *Los 120 mejores cuentos de las tradiciones espirituales de oriente*, recopilación de Ramiro Calle y Sebastián Vázquez, Edaf, Barcelona, 1999, p. 100.
3. *101 historias zen* [1957], edición de Nyogen Senzaki y Paul Reps, Martínez Roca, Barcelona, 1998, p. 74.

2 LA ATENCIÓN VIGILANTE

La superación del yo no conlleva el olvido del entorno, sino todo lo contrario: lleva a una cada vez mayor receptividad y disponibilidad para responder con mayor adecuación. A diferencia de la meditación en el yoga, muchas de las prácticas buddhistas no se hacen con los ojos cerrados sino entreabiertos, para no perder el contacto con la exterioridad. La liberación de la conciencia egoica abre la mirada hacia los más pequeños detalles posibilitando vivir la sacralidad del aquí y del ahora. La violencia del deseo (*trishna*) distrae la atención hacia la ansiedad del futuro o la frustración del pasado, arrebatando a la conciencia del momento presente. Un ser liberado habita la plenitud del instante, sin pedir nada, sin compararlo con nada, solo acogiéndolo. De ahí que la cotidianidad sea el escenario de la iluminación buddhista, tal como se recoge en el siguiente relato:

> Un monje abandonó a su maestro en busca de la iluminación, convencido de que ya no podría aprender nada de aquel anciano. Unos años después, volvió a visitar a su antiguo maestro para anunciarle que había alcanzado la iluminación. Se descalzó y entró en la cabaña del anciano. Este, después de saludarle y escucharle pacientemente, le pidió:
> —¿En qué posición has dejado las sandalias al entrar?
> El antiguo discípulo no supo responder.
> —Entonces no has alcanzado nada —concluyó el maestro.[4]

---

4. Anthony DE MELLO, *El canto del pájaro*, Sal Terræ, Santander, 1985, pp. 34-35.

VI. LA META DEL BUDDHISMO

Otra forma de hablar de esta atención vigilante es la acción impecable, el acto hecho con un máximo de conciencia y de presencia, de manera que toda la persona se unifica en ese gesto. Cada acto se convierte entonces en un sacramento de la sacralidad de la existencia:

> Diferentes discípulos habían ido a visitar a su maestro. Uno pidió al otro:
> —¿Has venido, como yo, a escuchar las enseñanzas del maestro?
> —No —le respondió el otro—. Solo he venido a ver cómo se abrocha las sandalias.[5]

Todo se convierte en sagrado. El buddhismo abolió las categorías de pureza e impureza del hinduismo brahmánico, precisamente para hacer de las sandalias una cuestión de santidad. En esto coinciden los místicos de todas las latitudes: «Entre los pucheros anda Dios.» Desde esta óptica, resulta fecunda la interpretación que el buddhismo puede hacer de la eucaristía. Así la comprende Thich Nhat Hanh, un monje buddhista vietnamita contemporáneo que vive en Francia desde que fue expulsado de su país en los años sesenta por su postura no-violenta:

> La Comunión es una potente campana de atención vigilante. Comemos y bebemos continuamente, pero generalmente solo ingerimos nuestras ideas, proyectos, preocupaciones y ansiedades. En verdad no comemos el pan ni bebemos nuestra bebida. Si nos permitimos entrar en contacto profundo con nuestro pan, renaceremos, porque el pan es la vida misma. Comiendo en profundidad, tocamos el sol, las nubes, la tierra y todo el universo. Entonces entramos en contacto con la vida y el Reino de Dios.[6]

---

5. *Los 120 mejores cuentos de las tradiciones espirituales de Oriente*, p. 178.
6. Thich NHAT HANH, *Buda viviente, Cristo viviente*, Kairós, Barcelona, 1996, p. 43.

Estas palabras son un ejemplo de cómo una tradición puede descubrir nuevos aspectos de otra desde la óptica que le es propia. Así, la mirada buddhista sabe valorar el gesto de la partición del pan como una manera de sacralizar lo cotidiano. Aprender a comer o a beber, a caminar o a desatarse los zapatos, se revelan como cuestiones fundamentales para que cada instante sea el puente con la eternidad. Una eternidad que no está en otro lugar sino en la profundidad de cada momento. Ahora bien, para todas las escuelas buddhistas, esta diafanía del instante presente solo se logra con largas horas de meditación.

3 LA PRÁCTICA ASIDUA DE LA MEDITACIÓN

La meditación no sustituye la labor cotidiana sino que, al contrario, la posibilita y la profundiza. En el buddhismo es inconcebible el acceso a la iluminación sin una práctica asidua de silenciamiento.

> En una ocasión, un maestro muy venerado fue interrogado por un devoto sobre cómo podría alcanzar un estado de perfección semejante al suyo. El maestro se puso de pie, se dio la vuelta, se levantó los vestidos, y mostrando a todos sus glúteos llenos de callos, le dijo: «Cuando tus nalgas se hayan hecho tan duras como las mías.»

Sin prolongados ratos de meditación no se concibe el logro de la iluminación. En el zen, quizá la más sobria y refinada de las escuelas buddhistas, el vehículo fundamental es la respiración. La meta es lograr cada vez una más plena integración con la respiración hasta convertirse en uno con ella. Por la respiración se toma conciencia de que somos una unidad indivisible. Mediante el ritmo primordial de la inspiración y la expiración, los seres vivos participamos de la clave de la vida: la capacidad de acoger y de entregar. Este ritmo cósmico también es un ritmo psíquico: se trata de ejercitarse en el arte de prender y desprenderse, de modo que, haciéndolo con el aire, se pueda luego extender a las demás dimensiones de la vida. En la medida que uno va adentrándose en este ritmo primordial, que es la pleamar y la bajamar de la existencia, la actitud de acogida y de desprendimiento va calando en las capas más profundas del ser.

Este proceso no se produce sin crisis ni turbulencias, ya que provoca la emergencia de las zonas oscuras del subconsciente. De tal forma este proceso es purificador que el zen lo llama experiencia de la *Gran Muerte*. Mediante un vehículo tan aparentemente inocente como la respiración, las compulsiones del ego van siendo desenmascaradas hasta llegar a su extinción. Solo atravesando la Gran Muerte la persona puede acceder a su ser más profundo, la naturaleza búddhica, la esencia última que sostiene toda la realidad.

En el logro de esta buddheidad, el zen identifica un momento privilegiado, al que llama *satori*, 'despertar', 'iluminación', significados que son intercambiables: la iluminación es el despertar del ser profundo, el desvanecimiento de la ignorancia (*avidyâ*), que es una somnolencia.[7]

---

7. No deja de ser sugerente considerar que una de las misiones más características de los profetas de Israel era la de «despertar». *Cf.* Is 26,19; 51, 9.17; 52,1; 64,6. También el amor despierta: Ct 2,7; 3,5; 8,4. La predicación de Jesús y la proclamación del evangelio se presentan como un despertar: Mt 4,37-41; 9,24; 25,1-13; Mc 13,36; Jn 11,11; Ef 5,14; 1Tes 5,6 y ss.

4 LA EXPERIENCIA DE LA ILUMINACIÓN

La valoración que se hace del *satori* depende de las escuelas. Según unas, es tan importante esta experiencia que marca radicalmente un antes y un después, de tal manera que la persona ya no vuelve a ser la misma. Ha cruzado un umbral irreversible que le ha librado para siempre de las cadenas del yo. En cambio, según otras corrientes el *satori* es progresivo, no definitivo, ya que el trabajo sobre el ego nunca está concluido; una y otra vez se ha de purificar.[8] En cualquier caso, cuando se tiene la experiencia de esta otra dimensión de la realidad, que es esta realidad misma pero percibida de otro modo, la persona queda de una manera u otra transformada. También queda unificada. Este estado es llamado *mu-shin* ('no-corazón') en el buddhismo zen. *Mu-shin* no es insensibilidad sino una sensibilidad radicalmente descentrada, que a su vez lleva a la integración del conocimiento (*prajna*) y de la compasión (*karuna*), de la mente y el corazón, unificación que constituye la misma meta del buddhismo.

He aquí un testimonio de esta experiencia de un monje zen, Kosen Imakita (siglo XIX):

> Una noche que estaba sumergido en meditación entré de pronto en un estado extraordinario. Me sentí como muerto, separado de todas las cosas. No existía el antes y el después. El objeto de la contemplación y yo habíamos desaparecido. Lo único que sentía era que el interior de mi ser estaba perfectamente unificado y lleno de lo que había por encima, por debajo y alrededor mío. Una luz sin límites se desprendía de mí. Al poco tiempo, volví en mí

---

8. *Cf.* Arul M. Arokiasamy, *Vacío y plenitud*, San Pablo, Madrid, 1995, p. 181-182.

mismo, como si hubiera resucitado de entre los muertos. Mi vista, mi oído, mis palabras, mis movimientos y mis pensamientos eran totalmente diferentes a los que había tenido hasta entonces. Todo se me mostró real y diáfano. Sin darme cuenta, levanté las manos y, con una inmensa alegría, empecé a bailar. Y empecé a decir: «¡Un millón de sutras son solo una vela ante el sol. Es maravilloso, es verdaderamente maravilloso!»[9]

Esta irrupción de la iluminación es cercana a la que podemos encontrar en ciertos místicos cristianos.[10] Se trata de un testimonio particularmente propicio porque aparece una cuestión que a menudo se plantea desde el cristianismo: ¿conoce el buddhismo la noción de la gracia? Quizá la mejor manera de responder sea con otro testimonio, esta vez explicado por un alemán que estuvo unos años en un monasterio zen del Japón. Se había concentrado en la práctica del tiro al arco, en la que se trata de dejar que sea la fuerza del *hara*,[11] centro vital situado a la altura del vientre —no por la fuerza de los brazos ni de la voluntad o de la mente—, la que desprenda la flecha del arco y haga diana. Llevaba años practicando este ejercicio sin ningún resultado. Un día, estando su maestro presente, casi sin saber cómo, consiguió abandonarse y, de repente, la flecha salió lanzada sin ningún esfuerzo por su

---

9. Citado por Hugo ENOMIYA-LASSALLE, *Le zen, le chemin de l'illumination*, DDB, París, 1965, p. 32. Del mismo autor, *cf. Zen y mística cristiana*, Paulinas, Madrid, 1991.

10. Pienso en la llamada «Ilustración del Cardoner» de Ignacio de Loyola; en las experiencias de Simeón el Nuevo Teólogo (siglo XI) recogidas en la *Filocalia*, o en la experiencia de Motovilov con san Serafín de Sarof (siglo XIX).

11. Sobre este tema, *cf.* la obra de Karlfried GRAF DÜRCKHEIM, *Hara, centro vital del hombre*, Mensajero, Bilbao, 1987.

parte y dio en el mismo centro de la diana. El maestro, sorprendido a la vez que complacido, hizo una inclinación ante su discípulo. Este, muy satisfecho, respondió: «¡Gracias!» La reacción del maestro fue inmediata: «¿Todavía está tan atrapado en su yo para pensar que me inclino ante usted? Lo que he reverenciado es la Fuerza que ha salido de usted, no a usted mismo.»[12]

Esta fuerza ante la que se inclinó el maestro zen es llamada *ki* por los japoneses y *chi* por los chinos. El estado de iluminación consiste en dejar que fluya esta energía sin ningún obstáculo ni impedimento por parte del ego.

5 VACUIDAD Y APOFATISMO

Lo distintivo del buddhismo es concebir que esta fuerza no es una sustancia, sino vacío. Por eso el buddhismo es la más apofática de las religiones.[13] Solo desde este apofatismo se puede comprender el célebre koan: «Si te encuentras a Buddha por el camino, mátalo.» Porque si te lo encuentras, quiere decir que lo has convertido en un elemento más de esta dimensión y lo has reducido a una imagen que puedes delimitar y poseer.

Buddha no es alguien ni algo, sino la dimensión última que lo contiene todo. Esta dimensión es pura vacuidad, la mejor manera que tenemos para traducir el término *sunya-*

---

12. *Cf.* Eugen HERRIGEL, *El arte del tiro al arco*, Kier, Buenos Aires, 2005, pp. 104-105.

13. De aquí procede el título de la obra de Raimon PANIKKAR, *El silencio del Buddha*, Siruela, Madrid, 1996. Se trata de una segunda versión de una obra que había llevado por título *El silencio de Dios* (1985).

ta. Una vacuidad muy diferente a la noción occidental de la nada.¹⁴ En la tradición cristiana, la referencia más cercana son las *nadas* de Juan de la Cruz. No se trata de un vacío aniquilador, sino de un vacío sustentador y creador que posibilita la aparición de todas las formas, siendo anterior y posterior a ellas. Solo a través de la Gran Muerte se puede trascender el miedo al vacío (el *horror vacui*) y llegar a un estado de desapego y percepción donde «la forma no es sino vacuidad y la vacuidad no es sino forma», como dice el Sutra del Corazón, uno de los textos más sutiles del buddhismo Mahayana:

> Las formas de todas las cosas son vacuidad.
> No nacen ni mueren,
> no son puras ni impuras,
> no disminuyen ni aumentan.¹⁵

El vacío es signo de pureza, mientras que lo que está lleno connota impureza, autocentramiento, dependencia aún en las formas y resistencia al desprendimiento.

> Un bodhisatva vive de esta sabiduría,
> sin perturbaciones de la mente, sin impedimentos
> y, por tanto, libre del miedo.
> Más allá de las ilusiones, está el Nirvana.¹⁶

---

14. Para profundizar en esta cuestión, me remito a Amador Vega, *Zen, mística y abstracción. Ensayos sobre el nihilismo religioso*, Trotta, Madrid, 2005, y Keiji Nishitani, *La religión y la nada*, Siruela, Madrid, 1999.

15. *El Sutra del Corazón*, Kairós, Barcelona, 2001, pp. 10 y 27-28; *cf.* el comentario de Khenchen Sherab Rinpoche a las pp. 80-85.

16. *Ibid.*, pp. 10, 30-31 y 92-94.

6 SABIDURÍA (*PRAJNA*) Y LIBERTAD INTERIOR

Cuando se da esta fluidez, el yo ha perdido sus miedos y ya no necesita seguridades donde refugiarse. Brota entonces la sabiduría (*prajna*) como fruto concomitante de percibir la realidad más allá de los intereses cortos y autocentrados. Desvanecidas las capas de ignorancia que proceden de esa opacidad que proviene de la posesividad, la realidad se muestra como un mar de vacuidad y de posibilidades, donde todo lo que es fluye hacia otra cosa y en ese fluir está la fuente de la beatitud. Se alcanza el estado de no-dualidad que hemos visto en el camino del yoga y se llega a la constatación de que «el uno es todas las cosas y todas las cosas no son más que uno»,[17] sin que por ello ningún ser pierda su contorno irrepetible.

El buddhismo, como toda religión, pretende la transmisión de una experiencia que contiene en sí misma el camino de la libertad. No es la repetición de una doctrina sino de una sabiduría de vivir:

> El abad de un monasterio sentía que llegaba su fin. Convocó a todos sus monjes y llamando a su discípulo preferido le dijo:
>
> —Siento que ha llegado el fin de mis días. Es hora de que te pase mi cargo y los manuscritos que de generación en generación han redactado nuestros antecesores y nos han servido de guía. Aquí los tienes como signo de mi confianza, para que continúen iluminando a las generaciones siguientes.
>
> El discípulo hizo una reverencia, pero no quiso coger los manuscritos que el maestro le entregaba. Tanto insistió el anciano, que finalmente los aceptó. Apenas el discípulo los tuvo en sus

---

17. SENG TS'AN, *Sin Sin ming*, en Jacques BROSSE, *Los maestros zen*, Olañeta, Palma de Mallorca, 1999, p. 46.

manos, los tiró a un fuego que ardía en medio de la sala. El abad, indignado, gritó:
—¿Qué haces?
El discípulo, con la misma fuerza, le respondió:
—¿Qué dices?[18]

El discípulo había percibido que su abad estaba todavía aferrado a la letra, a la seguridad que da lo que otros han dicho y han prescrito, con el peligro de que estas referencias acaben sustituyendo la experiencia que cada uno debe hacer. Lo contrario de la seguridad es la confianza que se realiza con el acto consciente que genera libertad. Una libertad que no está regida por la arbitrariedad del ego sino que se dirige hacia la cima del camino buddhista que todavía no hemos abordado: la compasión, la ternura por todo y por todos, que nace de esta sabiduría y de esta libertad.

7 *KARUNA* O LA COMPASIÓN UNIVERSAL

Karuna es uno de los cuatro estados sublimes identificados por Buddha. Los otros tres son el amor (*metta*), encontrar la propia alegría en la alegría de los otros (*mudita*) y la ecuanimidad (*upekkha*). Los cuatro estados son el resultado de la liberación del yo que hace trascender las dualidades amor-odio, atracción-rechazo, agresión-miedo, etc., para alcanzar la comunión con todo y con todos. Habiendo dejado de ser uno el centro, el corazón transformado se vuelve pacífico y solícito a las necesidades de los que le rodean. Un testimonio de esta compasión de alcance universal es la que manifestó

---

18. MELLO, *El canto del pájaro*, pp. 54-55.

el Dalai Lama cuando, por su sexagésimo aniversario, fue interrogado sobre qué obsequio quería. Lo único que pidió fue que sus monjes dedicaran todas sus plegarias de aquella semana a orar por la paz y la armonía en el mundo. Todavía dos relatos más:

> Se cuenta de un monje que era un gran artista, pero cobraba muy caro por sus obras. Hacía unas pinturas espléndidas, pero las hacía pagar a un precio muy alto. Todo el mundo lo apreciaba como artista pero lo despreciaban como monje, ya que lo consideraban ávido de dinero. Cuanto más crecía su fama, más caros eran sus precios. Frecuentaba a los nobles y a los comerciantes más ricos e influyentes de la región, y de ellos era de quienes se aprovechaba más. Un buen día desapareció y no se le volvió a ver nunca más. Pasados los años se supo que todo lo que había ganado lo había destinado a tres causas: a reparar una hambruna devastadora que había afectado a su tierra natal; a la construcción de una carretera que llevaba a un lugar de peregrinación, y a la edificación de un templo que su maestro siempre había soñado. Cuando estos tres objetivos habían sido realizados, había dejado sus pinceles y sus telas y se había retirado a las montañas, donde no había vuelto a pintar nunca más.[19]

> Ryokan, un maestro zen, llevaba una vida muy simple en una pequeña cabaña cerca del pie de una montaña. Un atardecer que había salido, entró un ladrón para robarle, pero no encontró nada. En ese momento, llegó Ryokan. Comprendiendo sus intenciones, le dijo:
> —No es posible que hayas hecho un camino tan largo para visitarme y te vayas sin nada. Por favor, toma mi ropa.
> El ladrón quedó perplejo, pero cogió sus vestidos y se escapó corriendo. Ryokan se sentó desnudo y contempló la luna.

19. *Cf. 101 historias zen*, pp. 60-61.

—¡Pobre hombre! —se dijo a sí mismo—. Ojalá le hubiera podido dar esta maravillosa luna.[20]

Estas anécdotas, en el cristianismo, podrían estar sacadas de la tradición franciscana. Ello es muestra de que la misma blancura de la nieve cae sobre las laderas de diversas montañas.

8 RECAPITULACIÓN

A lo largo de esta presentación hemos recorrido implícitamente los diez cuadros del buey, unos pictogramas clásicos zen que muestran el itinerario hacia la iluminación a través de la búsqueda que un campesino hace de su buey.[21] Presentamos brevemente el recorrido, porque nos sirve a la vez de recapitulación:

1. En el primer cuadro se ve el campesino buscando al buey, pero su atención está distraída por el paisaje.
2. Una vez alcanzada la atención vigilante, aparece el segundo cuadro, donde el campesino descubre las huellas del animal.
3. El tercer cuadro muestra al campesino cogiendo su cola y sus piernas traseras para significar la proximidad de la iluminación.

---

20. *Ibid.*, p. 28.
21. Son muchos los comentarios que se han hecho sobre esta síntesis del camino buddhista. Se pueden encontrar con las ilustraciones y los comentarios clásicos del siglo XIV en Shizuteru UEDA, *Zen y filosofía*, Herder, Barcelona, 2004, pp. 134-157.

4   En el cuarto cuadro se representa la captura del buey por parte del campesino, dando lugar a una lucha tremenda.
5   En el quinto cuadro el campesino ha conseguido domesticar el buey y lo tiene cogido por el cuello con una cuerda. Se trata de la necesaria disciplina para conservar el estado de la iluminación.
6   En el sexto cuadro se ve al campesino volviendo a casa sobre el buey, lo cual expresa la alegría del logro.
7   El séptimo cuadro muestra el campesino descansando en la puerta de su casa. También el buey está descansando, pero no aparece en la pintura para significar que el animal empieza a ser trascendido. Ya no es objeto de búsqueda, sino que el despertar se ha convertido en un estado ordinario.
8   Inicialmente, la serie se acababa con el octavo cuadro, un círculo en blanco. Se trata de la vacuidad que trasciende toda figuración. Puede ser identificado como el momento de la Gran Muerte y al mismo tiempo del supremo satori.

Pero en el siglo XII, Kuo-an Shih-yuan, un monje chino de la escuela Linch (Rinzai en Japón), añadió dos cuadros más:

9   El noveno, en el que aparecen unos árboles, un río y unos pájaros, es decir, donde el mundo ordinario de las formas vuelve a hacerse presente, pero ya no como objetos de distracción tal como sucedía en el primer cuadro, sino como expresión de la transparencia de la cotidianidad.

10. Y el décimo, el llamado *Retorno al mercado*, donde se ve al campesino convertido en un ser pacífico, saliendo al encuentro de la gente en el mercado. Este *retorno al mercado* caracteriza lo que en el buddhismo representa la misión del *bodhisatva*, el cual renuncia a entrar en el nirvana (que se correspondería al octavo cuadro) hasta que todos los seres lo hayan alcanzado. Este último cuadro permite comprender que la sonrisa de Buddha y su postura de loto no son una forma de huir de la presencia en el mundo, sino que representan quizás el modo más sublime de estar en él. La persona iluminada se manifiesta en la capacidad de hacerse presente donde y cuando hay necesidad, transformando el entorno con la sola presencia. En las cuevas de Ajanta (India) esta compasión está expresada por unas amplias y amables manos abiertas con las que los *bodhisattvas* se ofrecen a sí mismos. Un texto antiguo describe así la misión de los *bodhisattvas*:

> No pretenden alcanzar su propio nirvana privado. Si bien recorrieron el mundo altamente doloroso de la existencia y están deseosos de ganar la iluminación suprema, no tiemblan ante el nacimiento ni la muerte. Se pusieron en camino para el bien del mundo, para la felicidad del mundo, por piedad hacia el mundo. Tomaron esta decisión: convertirse en un refugio para el mundo, en un resguardo para el mundo, en el lugar de reposo del mundo, del descanso final del mundo; ser las islas del mundo, luces del mundo, guías del mundo, los medios de salvación del mundo.[22]

---

22. Ashtasakasrika, XV.

Otro texto contemporáneo que expresa de una forma muy significativa el ideal buddhista es el que se proclama a diario en la Orden Zen de los Constructores de la Paz (*Peacemaker Order*), fundada en 1980 en los Estados Unidos de América:

> Tomando refugio en la corriente de espiritualidad comprometida,
> hago el voto de vivir consciente del principio del 'no saber',
> consciente del desconocimiento que tiene mi visión limitada
> de la Realidad Absoluta,
> renunciando a toda idea fija respecto a mí mismo,
> a los demás y al universo.
> Hago el voto de testimoniar la alegría y el sufrimiento del mundo.
> Hago el voto de sanarme a mí mismo y a los demás.
> Consciente de la interdependencia entre el Uno y el Todo
> me comprometo con las siguientes prácticas espirituales:
> reconocer que no estoy separado del todo;
> estar satisfecho con lo que tengo;
> abordar todas las creaciones con respeto y dignidad;
> escuchar y hablar desde el corazón;
> cultivar una mente que vea con claridad;
> aceptar incondicionalmente lo que cada momento me ofrece;
> expresar lo que percibimos como la verdad sin culpa y sin culpar;
> usar todos los ingredientes de mi vida;
> transformar el sufrimiento en sabiduría;
> honrar mi vida como un instrumento de paz.

La existencia se convierte en pura donación y transparencia de Lo que es. Quizás ahora hay más claves para poder comprender la sonrisa silente del Buddha en estado de meditación y captar que está invitando a todos los seres a alcanzar su mismo estado y la misma naturaleza que él.

IV

LA NEW AGE, ¿MÍSTICA O MISTIFICACIÓN?

> *Se ha de presuponer que todo buen cristiano*
> *ha de ser más pronto a salvar la condición*
> *del próximo que a condenarla.*
>
> IGNACIO DE LOYOLA

El discernimiento sobre la New Age no es fácil de hacer porque, además de ser un fenómeno vago y difuso, nos falta perspectiva, ya que nadamos en las mismas aguas de la historia y compartimos el mismo cambio de época a nivel planetario. Esta alteración está simbolizada por el inicio del tercer milenio del calendario cristiano y en el calendario astrológico por el paso de la Era Piscis, dominada por la ley, la norma y la fragmentación de la racionalización, a la Era Acuario, en la que predominará la fluidez, la espontaneidad y una espiritualidad holística, basada en la integración de los opuestos. Esta idealización de un tiempo nuevo se basa en una comprensión cíclica de la historia con conspiraciones cósmicas, muy ajena a la percepción semítico-cristiana del tiempo lineal, que no se rige por ningún determinismo sino por la consecuencia de nuestros actos. A la sensibilidad científica y secularizada también le puede parecer una insensatez delegar a las estrellas y a los flujos cósmicos el destino del mundo. Pero la New Age está influida por otros parámetros, con muchos elementos de cosmovisiones orientales, que no son lineales sino cíclicos y donde intervienen otros factores que no son los meramente históricos ni son fruto de la voluntad humana.

En este capítulo nos centraremos en la experiencia espiritual que promueve este movimiento para tratar de discernirla. Trataré de presentar los que me parecen ser sus puntos nucleares: la recuperación del cuerpo y el sentido de pertenencia a la tierra; la aparición de las *energías*, un ámbito intermedio que se abre entre el plano físico y el espiritual; la preeminencia de la experiencia personal por encima de cualquier instancia exterior; el tipo de relación que se establece entre Dios y el ser humano; y finalmente abordaré el ideal de plenitud que se propone, el cual, como veremos, avanza por el filo de una navaja entre el endiosamiento y la divinización.

I LA RECUPERACIÓN DEL CUERPO Y EL SENTIDO DE PERTENENCIA A LA TIERRA

El cuerpo y la tierra son dos olvidos de la civilización cristiano-occidental que hemos pagado caros tanto en el ámbito individual como en el planetario. El cuerpo es a la persona lo que la tierra es a la especie humana: contorno, soporte y vehículo de nuestra experiencia personal y colectiva. Un doble impulso nos arrancó primero del cuerpo y luego nos despegó de la tierra: por un lado, las derivas de un cristianismo escindido que, en lugar de favorecer la introspección de los instintos primordiales, los negó, confundiendo el santuario del cuerpo (*soma*) con las compulsiones de la carne (*sarx*) por canalizar. Esta confusión no se encuentra en los orígenes sino en el cristianismo posterior. Por otro lado, perdimos la tierra con el desarrollo de la vida urbana y la explosión de la industrialización y de la técnica. La transformación del entorno natural alcanzó tal furor, que hemos acabado por devorar a nuestra madre. Y ahora nos sentimos huérfanos, no solo del Padre que hemos vaciado del cielo, sino también de la Madre que hemos expoliado sin piedad.

Este doble retorno se puede interpretar como el descubrimiento de la sacralidad de la inmanencia. Ello ha hecho que se haya hablado de la New Age como de un *neopaganismo*. Vaciado el cielo de la trascendencia y desconfiando también de utopías políticas que han alineado a diferentes generaciones, el retorno a la «casa primordial» es un modo de recuperar el *anima*, después de tanto *animus* impuesto o desenfrenado. Por ello se ha dicho también que entramos en una era femenina, después de un predominio y dominio de lo masculino. Todo ello ha sido recogido en la reciente película *Avatar* (2009), de James Cameron. El escenario del expolio de la Tierra se desplaza al planeta Pandora, que está habitado por unos humanoides —los na'vi— que no han perdido el vínculo con la naturaleza. La contienda se establece entre los colonizadores terrícolas, mayormente masculinos, que han encontrado en ese planeta un mineral muy valioso para la Tierra, de la que se dice que ha perdido su vegetación, frente a una población indígena que está liderada espiritualmente por una mujer. La pareja protagonista tiene asignados los géneros de un modo claramente simbólico: el hombre es un terráqueo, antiguo marine del Ejército, y ella es hija de la mujer chamán, también destinada a ser chamán. El enamoramiento de Jake Sully hacia Neytiri simboliza la conversión de la racionalidad masculina desvinculada de la naturaleza a la sensibilidad femenina que se sabe conectada con el árbol de las almas y todos los demás seres de su entorno.

Recuperar el cuerpo y la tierra implica reconciliarse con lo más cercano que nos constituye, y nos enseña a amar lo que somos, antes de ponernos a discutir o a proyectar lo que deberíamos o quisiéramos ser. Destacamos la bendición de este «retorno a casa» que nos devuelve a nuestro lugar primigenio. Somos prolongación, despliegue paciente de minerales, vegetales y animales que siguen habitando en nosotros, no como enemigos que haya que exterminar, sino como antepasados silenciosos por integrar, de cuya memoria somos portadores. Hay una sabiduría en los ritmos del cuerpo y de la naturaleza que hemos negligido, y ello ha creado una civilización llena de angustias y neurosis. Ya nos lo advirtió el joven rabino de Nazaret, que supo ser hijo del cielo y de la tierra a la vez: «Fijaos en las aves del cielo; ni siembran ni siegan ni recogen en graneros, y sin embargo vuestro Padre celestial las alimenta [...]. Fijaos cómo crecen los lirios del campo; no se afanan ni hilan; y sin embargo, os digo que ni Salomón en todo su esplendor se vistió como uno de ellos. [...] Así que no os inquietéis.» (Mt 6,25-31)

La proliferación de ejercicios y terapias corporales de todo tipo no hace más que manifestar esta búsqueda y este reencuentro. Al mismo tiempo, asistimos a la destabuización de zonas antes prohibidas. Frente a la culpabilización de las pulsiones instintivas de antaño, se exalta el valor de lo natural y de todo lo que sea espontáneo. Esta sensibilidad se inició con el movimiento *hippy*, lo cual ha hecho considerar a la New Age también como un neohippismo, aunque menos radical, porque es menos contestatario y se aprovecha de las facilidades que proporciona la sociedad de consumo. Y aquí es donde conviene el discernimiento, porque, por un lado, no podemos menos que celebrar esta recuperación de nuestra pertenencia a la naturaleza, esta invitación a la integración y armonía con el propio cuerpo y con el entorno; pero, por otro lado, esta armonización entraña el peligro de fomentar el autocentramiento y de crear un mundo artificial y sofisticado, que resulta inaccesible para una gran mayoría de los habitantes de la población.

Ello nos lleva a tratar el segundo punto: la fascinación por el ámbito de las energías.

2 EL PLANO ENERGÉTICO: ¿INCURSIONES EN LO REAL O ENTRETENIMIENTOS?

En el retorno a la sacralidad de la inmanencia que propugna la New Age ha aparecido un ámbito desconocido para la cultura cristiano-occidental, que es el mundo de las imprecisamente llamadas *energías*, situado entre el plano físico y el plano espiritual. Este *nuevo* ámbito proviene de las culturas y religiones orientales. En concreto, en el hinduismo y muchas corrientes del buddhismo y del taoísmo se concibe con toda naturalidad que el ser humano está compuesto por diferentes *cuerpos*, los cuales corresponden a diversos grados vibracionales de campos energéticos. El cuerpo físico es la manifestación de las frecuencias más bajas, a partir del cual se van superponiendo otros cuerpos más sutiles, en donde se sitúan los *chakras* (diferentes centros de energía distribuidos en el cuerpo etérico) y las *auras* (la irradiación cromática de esos cuerpos). Esta nueva *anatomía* no contemplada por la medicina ni por la psicología occidentales permite una nueva aproximación y comprensión de las enfermedades, de los estados psíquicos y del modo de integrar las diferentes dimensiones que nos constituyen en un camino de unificación hacia planos más elevados. De aquí la proliferación de terapias alternativas, que tratan de ofrecer un tratamiento holístico de la persona, incorporando con frecuencia la meditación como elemento fundamental.[1]

Ahora bien, si por un lado la obertura de este plano intermedio entre lo físico, psíquico y lo espiritual está lleno de promesas, también puede crear gran confusión, porque la seducción que produce lleva a mezclar y alterar los niveles. En concreto, el mayor peligro está en confundir el plano energético —donde se sitúa el tratamiento de los *chakras*, la manifestación de las auras, las potencialidades de visión y de sanación...— con el plano espiritual, el cual se halla en la tierra de la desapropiación y al que solo se puede llegar con el corazón puro. La confusión de estos planos da pie a manipulaciones, a la creación de dependencias de personas o de técnicas y a diferentes abusos de poder. De aquí que las grandes tradiciones espirituales hayan sido siempre cautas y reticentes en fomentar expectativas en torno a estos fenómenos intermedios. En el cristianismo, uno de los autores más radicales al respecto es Juan de la Cruz:

---

1. La gama es muy amplia: las múltiples corrientes del yoga (hata yoga, kriya yoga, raja yoga, tantrismo, etc.), qi Gong, taichi, aikido, acupuntura, reiki, bioenergética, diversas escuelas y técnicas de regresión, de visualización —programación neurolingüística (PNL), Gestalt...—, rebirthing, diversos métodos de respiración, tiendas de sudación según la tradición de los indios americanos, dietéticas, reflexoterapia, hidroterapia, etc.

VII. LA NEW AGE, ¿MÍSTICA O MISTIFICACIÓN?

De todas estas aprehensiones y visiones imaginarias y otras cualesquiera formas o especies, ya se ofrezcan bajo forma o imagen o alguna inteligencia particular, ahora sean falsas por parte del demonio, ahora se conozcan ser verdaderas por parte de Dios, el entendimiento no se ha de embarazar ni cebar en ellas, ni el alma las ha de querer admitir ni tener, para poder estar desasida, desnuda, pura y sencilla, sin ningún modo ni manera, como se requiere para la unión.[2]

Hay que tener en cuenta que Juan de la Cruz está escribiendo en otro contexto, que es el de guiar a las personas a la cumbre de la contemplación, que es Dios mismo, advirtiendo que no se entretengan en instancias intermedias: «ni cogeré la flores ni temeré las fieras». En cambio aquí estamos tratando de comprender un fenómeno cultural que se está abriendo a dimensiones de la realidad que hasta el presente han sido ignoradas o negadas. La incorporación de este tipo de conocimiento forma parte del avance de la humanidad hacia una percepción cada vez más plena de lo Real, y ello es una oportunidad de crecimiento que se nos ofrece en el momento actual de nuestra evolución como especie. Sin embargo, la advertencia de la tradición a no quedar prendados en este tipo de fenómenos no se puede negligir, porque uno de los problemas mayores de la New Age es la falta de madurez espiritual con la que los supuestos maestros y sus discípulos se adentran en este mundo. Esta falta de madurez tiene tres peligros:

1. Por un lado, banalizar esa exploración y reducir a meras técnicas de consumo lo que requiere un compro-

---

2. JUAN DE LA CRUZ, *Subida al Monte Carmelo*, Libro 2, cap. 16,6, en *Obras Completas*, Espiritualidad, Madrid, 1993, p. 265.

misno y una transformación de toda la persona, porque lo que precisamente está en juego es alcanzar la plenitud de la vida en el Espíritu.

2 Por otro, el ámbito de las energías puede fomentar el narcisismo y la búsqueda de poder que conduce a los antípodas del mundo espiritual.[3]

3 En tercer lugar, hay resistencias a confiar en los caminos trazados, ya que otra de las características de la New Age es la relativización de cualquier instancia que no sea la propia experiencia personal.

3 LA EXPERIENCIA PERSONAL COMO NORMA SUPREMA

Tal es la tercera característica a discernir: la sacralización de la experiencia personal como criterio último de verificación de lo que es percibido por cada uno como auténtico, verdadero o, simplemente, conveniente.

En *Conversaciones con Dios*, una de las obras más notables y representativas de la literatura New Age en los años noventa,[4] se lee el siguiente diálogo entre Dios y el autor:

—No puedo deciros Mi Verdad hasta que vosotros no dejéis de decirme las vuestras.
—Pero si mi verdad acerca de Dios procede de Ti.
—¿Quién lo ha dicho?
—Otros.
—¿Qué otros?

---

3. Un libro que alerta sobre las detenciones en el camino es Helen KAPLAN, *A la mitad del camino*, Kairós, Barcelona, 2003.

4. Trilogía publicada a lo largo de cinco años por Neal D. WALSCH, *Conversaciones con Dios*, Grijalbo Mondadori, Barcelona, 1993-1998.

—Predicadores. Vicarios. Sacerdotes. Libros. ¡La Biblia, por ejemplo!
—Esas no son fuentes autorizadas.
—¿No lo son?
—No.
—Entonces, ¿qué hay que sí lo sea?
—Escucha tus sentimientos. Escucha tus pensamientos más elevados. Escucha tu experiencia. Cada vez que una de estas tres cosas difiera de lo que te han dicho tus maestros, o has leído en los libros, olvida las palabras. Las palabras constituyen el vehículo de la Verdad menos fiable.[5]

Este diálogo refleja muy bien los parámetros de la New Age: frente a la autoridad de unas Escrituras que las religiones tradicionales consideran garantía incuestionable de veracidad y fiabilidad, la nueva sensibilidad desplaza la fuente de autoridad hacia el interior de cada persona: que escuche sus sentimientos, sus ideales, y que aprenda de su propia experiencia. En el diálogo anterior se pone en cuestión el papel de las figuras que tradicionalmente han hecho de intermediarias de lo sagrado: predicadores, vicarios, sacerdotes... Frente a ellos, la Nueva Era aboga por la indagación personal, que es irreemplazable e indelegable.

Hasta el presente, el papel de las religiones ha sido el de dar pautas para distinguir entre lo consistente e inconsistente de los sentimientos —todos sabemos lo lábiles que son—, así como el de ofrecer marcos de sentido donde convocar los ideales y dar criterios para valorar la calidad y cualidad de las experiencias llamadas *espirituales*. La New Age se desliga de las religiones institucionales, porque con frecuencia

---

[5]. *Ibid.*, vol. I, pp. 21-22.

han sido torpes en sus excesivas cautelas y temores, cuando no violentas en la apropiación y monopolio de sus interpretaciones, bloqueando nuevas comprensiones e impidiendo experiencias transformadoras.

En la búsqueda de referencias creíbles es donde se da otro de los fenómenos característicos de la New Age: el eclecticismo. Si bien las religiones institucionales están desacreditadas en cuanto que bloques dogmáticos incuestionables, no se rechazan, en cambio, algunos elementos fragmentarios que ofrecen las diferentes tradiciones. Son rescatados ciertos ritos, imágenes, textos que se perciben significativos. Ello conduce, en un primer momento, a un derrumbe y confusión de las grandes tradiciones, pero está por ver si no podría ser el primer estadio que nos lleve hacia una nueva síntesis, imposible de concebir por el momento. Como hemos venido diciendo, la diferencia entre *mezcla* y *síntesis* está en que la primera es una mera superposición de elementos, elegidos arbitrariamente y sin coherencia entre ellos, mientras que la segunda es fruto de una maduración personal que acaba dando consistencia a esos múltiples fragmentos. De hecho, toda religión es una síntesis de diversos ingredientes que se ha ido gestando a través de múltiples generaciones en torno a un núcleo fundante.

La posición de las grandes tradiciones no habría de ser la de defenderse encarnizadamente cuanto la de ayudar a poner en contacto con la experiencia fundante que las sostiene, para que desde allí se purifiquen e iluminen las motivaciones de los buscadores. Por otro lado, podemos recibir como una interpelación de la New Age su libertad para salir y entrar de los cotos cerrados de las creencias y como una invitación a ponernos en contacto con los núcleos fundantes de otras tradiciones.

En este sentido, nos podemos sentir interpelados por nuevas concepciones que ponen en cuestión las cosmovisiones asumidas y que sin embargo no son constitutivas de los diferentes credos. En tiempos de Galileo, abandonar la concepción geocéntrica pareció un atentado contra la fe bíblica, así como dos siglos más tarde el descubrimiento de la evolución también la hizo tambalear. En ambos casos sirvió para ampliarla y hacerla madurar. Las teologías de las religiones teístas apenas han asumido todavía el impacto y las consecuencias de los descubrimientos de la física cuántica y la inmensidad del espacio interestelar, por poner dos ejemplos. La New Age, en cambio, incorpora estos elementos y los integra en su cosmovisión y experiencia espiritual. Menciono todo esto porque otro de los puntos que discernir es la concepción de *creación* que vehicula la New Age, lo cual afecta al sentido que se le da a la vida humana y al tipo de relación que se establece entre Dios como *Creador* y el ser humano como *criatura*.

4 ¿SOMOS PARTÍCULAS DE DIOS EXPERIMENTÁNDOSE A SÍ MISMO?

De nuevo me remito a *Conversaciones con Dios*, la obra anteriormente citada, la cual ofrece una cosmogénesis explícita y representativa. En ella, Dios es concebido como Todo-Lo-Que-Es, fuera del cual, al principio, no había nada más. Pero Dios, en cuanto que era la Totalidad de lo que había, no podía conocerse a sí mismo, porque siendo todo lo que había, no podía tomar conciencia de lo que era. Para tener experiencia de lo que Él mismo era, creó un No-Soy en el interior de sí mismo, partes minúsculas de Sí Mismo menores que el Total, para que, siendo *aquello*, pudiera experimentar *esto*, creando un Espacio vacío entre el *aquello* y el *esto*, que es donde tiene lugar el desplegamiento de la experiencia de Dios mismo: en cada existencia individual. Desde esta perspectiva, cada ser no es más que una partícula de Dios experimentándose a sí mismo. Así, la afirmación bíblica de que hemos sido creados «a imagen y semejanza de Dios» (Gn 1,26) cobra su significación más radical: estamos hechos de su misma sustancia, somos su misma sustancia. El autor pone en boca de Dios estas palabras: «Mi propósito al crearos era conocerme a Mí Mismo como siendo Dios a través de vosotros. No tenía modo de hacerlo sino a través de vosotros. Así, se puede decir que mi propósito respecto a vosotros es que vosotros os conozcáis como siendo Yo.»[6] Así pues, el sentido de la existencia humana es proporcionar *experiencia* a Dios, a la vez que cada ser humano está llamado a recordar que es una parte del Todo divino. No se trata de *aprenderlo*, sino de *re-membrarlo* (en el doble sentido de *re-membrar*: rememorar y re-unificarse con la Unidad primordial). De este modo, cada ser humano está llamado a co-crear, porque cada *criatura*, existiendo, crea, y creando, permite dar a Dios la experiencia de su propia Creación, a la vez que a través de cada co-creación, la criatura se va reintegrando cada vez más en Dios.

En esta aventura de re-unificación recreadora aparece otro tema característico de la New Age, que es la creencia en la reencarnación. La aventura que va desde la existencia individual hasta la reunificación final no acontece en una

---

6. WALSCH, *Conversaciones con Dios*, vol. I, p. 37.

única vida terrestre, sino a lo largo de una sucesión de múltiples vidas, cada una de las cuales aporta una experiencia específica que va enriqueciendo tanto a cada ser personal como a Dios mismo. Esta cosmovisión, además de distanciarse del cristianismo tradicional, también altera las nociones tradicionales del *karma* y del *samsara* hindú y buddhista: la sucesión de existencias no es concebida como una pesadilla de la que hayamos de liberarnos a toda costa, sino como la oportunidad para tener experiencias que enriquecen a la Totalidad. Así, cada existencia encarnada no es un castigo, sino una maravillosa ocasión para ir experimentando parcial y cada vez más plenamente Lo Que Somos. No hay castigos ni premios, sino un lento avance hacia la Unidad Primordial que se expande a través de esta sucesión innumerable de experiencias individuales.

Nos hemos entretenido en presentar esta cosmovisión porque es particularmente representativa del nuevo paradigma. Están accediendo a ella muchas personas que probablemente no hayan leído nunca un libro de teología cristiana ni lo vayan a leer jamás. Y, en cambio, con un tono aparentemente banal, tratan temas fundamentales de teología y de antropología. Aquel que en la teología cristiana se identifica como el *Hijo*, la segunda Persona de la tri-unidad divina, no es otro que ese *No-Soy* de Dios en el interior de Dios que se va haciendo a través de cada uno de nosotros. Todo ello está expresado con un fuerte sabor gnóstico y ecléctico. Estamos en el clima de la doctrina hindú de la *no-dualidad*; también nos hallamos ante una versión adaptada de la doctrina cristiana del Cuerpo místico de Cristo así como ante el tema tan recurrente del Maestro Eckhart sobre la concepción del Verbo Eterno en cada ser humano.

No podemos entrar aquí en cuestiones doctrinales ni ponernos a deliberar si la creencia de la reencarnación es compatible con el mensaje cristiano. El cometido que nos hemos marcado es más modesto: tratar de percibir el tipo de experiencia humana y espiritual que suscitan concepciones así. En este clima, quedan lejanos temas como el pecado original y la culpa, dando una visión positiva de cada existencia individual: cada uno de nosotros, en tanto que partícula de Dios o del Ser, está llamado a tomar conciencia, cuanto antes, de que forma parte de esa Totalidad. El gran enemigo no es el pecado, sino el temor, porque es lo que nos encierra en nuestra individualidad, y es lo que nos hace tomar actitudes agresivas y destructivas. Sin embargo, todavía queda por dilucidar una última cuestión.

5 ¿DIVINIZACIÓN O ENDIOSAMIENTO?

La New Age avanza por el filo de una navaja entre, por un lado, la legítima y más que nunca necesaria búsqueda de plenitud humana y divina, y por otro, la exacerbación del afán de poder que no corrige sino que exalta y fomenta aquella vieja tentación de querer ser «como Dios» (Gn 3,5), al margen de Dios y prescindiendo de los demás.

Para ilustrar esta ambigüedad vamos a recurrir a otro autor: Deepak Chopra, un médico y prolífico escritor indio instalado en los Estados Unidos. Una de sus obras más significativas es *Las siete leyes espirituales del éxito*, la cual tiene por subtítulo *Una guía práctica para la realización de sus sueños*.[7]

---

7. Deepak CHOPRA, *Las siete leyes espirituales del éxito*, Edaf, Madrid,

Bajo esta presentación absolutamente banal y al gusto de la Nueva Era, se oculta una verdadera joya espiritual. Sin embargo, el título y el subtítulo le dan una orientación determinada nada inocente. El autor dice en el prólogo que el libro habría podido nombrarse «las siete leyes espirituales de la vida, pues estos son los mismos principios que aplica la naturaleza para crear».[8] Sin embargo, utilizando la palabra *éxito* —probablemente por razones de marketing, claudicación que no deja de ser significativa— el arte de vivir parece quedar reducido a un manual para satisfacer la mera ambición personal, en lugar de transformarla. Es decir, en la medida en que se trata de un libro sobre «leyes espirituales», debería conducir claramente al terreno del don y la desapropiación, mientras que parece jugar con posiciones egoicas y autocentradas. Por ello hay quien afirma que la New Age no hace más que fomentar la ideología del neoliberalismo, es decir, la exaltación «espiritualizada» del poder del más fuerte, y que lleva a estilos de vida narcisistas y egocéntricos.

Aquí es donde estamos llamados a aplicar el criterio crístico de discernimiento: la *theosis* conlleva la *kenosis*, es decir, toda divinización que no pase por el vaciamiento es una demonización. También desde el punto de vista psicológico la renuncia a un narcisismo omnipotente es signo de madurez. Dicho de otro modo, si la plenitud espiritual que se busca no descentra y abre a los demás, no hace más que fomentar lo más oscuro que tenemos, que es la voluntad de poder. El cri-

---

2000, 14.ª ed.

8. *Ibid.*, p. 15. Las siete leyes son: la potencialidad pura; la entrega; el *karma* o la causalidad; el mínimo esfuerzo; la intención y el deseo; el desapego; y el *dharma* o el propósito en la vida.

terio crístico es que «cuando lo hicisteis con uno de estos mis hermanos más pequeños, conmigo lo hicisteis» (Mt 25,40). No estamos reduciendo la espiritualidad a una ética, sino que estamos tratando de valorar los frutos a los que conduce una práctica espiritual. Si Dios es la plenitud del ser que nos da su ser en plenitud, el acercamiento a Dios debe transformarse necesariamente en donación y no en ensimismamiento, en entrega de uno mismo y no en voluntad de poder. Cuanto más bello o sublime es aquello a lo que aspiramos, más atentos debemos estar si llegamos como apropiadores o despojados, como conquistadores o como conquistados, y si llegamos solos o hermanados.

6 BALANCE

El fenómeno de la New Age es coextensivo al de la globalización. Su carácter ecléctico responde al encuentro de las culturas y religiones que está teniendo lugar irreversiblemente. En este nuevo contexto mundial, las tradiciones instituidas sufrirán sin duda importantes transformaciones si es que quieren seguir siendo significativas para los hombres y mujeres contemporáneos. Percibimos esta nueva situación como una invitación y una oportunidad para ahondar en los núcleos místicos de cada religión, de modo que la New Age no signifique la disolución de esos núcleos, sino la oportunidad para sacarlos a la luz, despojándolos de los ropajes que ya no son adecuados. Al mismo tiempo, las grandes tradiciones religiosas han de proporcionar criterios sólidos de discernimiento para orientar esta nueva sensibilidad. Se trata de que este cruce de interpelaciones nos ayude a todos

VII. LA NEW AGE, ¿MÍSTICA O MISTIFICACIÓN?

a ir al fondo de la experiencia espiritual que se nos ofrece en este momento clave de la especie humana.

En concreto, podemos resumir en cuatro puntos las mutuas interpelaciones:

1. Frente a una cierta exaltación del dolorismo y del ascetismo como vehículos de la experiencia espiritual, la New Age propone la búsqueda de la armonía y de la paz interiores. Para ello, ofrece nuevos conceptos —tales como el *yin* y el *yang*, la integración de los opuestos, nociones orientales que no existen en nuestra tradición cultural y religiosa— y múltiples técnicas de integración y de autoconocimiento, que sin duda pueden enriquecernos. Por su parte, el cristianismo ofrece la cruz como símbolo del supremo don de sí, escándalo para unos y locura para otros (1Cor 1,18), lo cual advierte del peligro de crear un mundo artificial y autocentrado.

2. Frente a la exaltación de un voluntarismo ético y la tensión de proyecciones y proyectos hacia el futuro, la New Age hace el elogio del momento presente y favorece la reconciliación con el entorno inmediato. Desde el profetismo bíblico y evangélico se advierte el peligro de eludir el conflicto y la confrontación, y de dar pie a una espiritualidad intimista, que neglija el carácter de denuncia del compromiso político-social.

3. Frente a una tendencia dogmática y excluyente, la New Age favorece una espiritualidad receptiva que sabe acoger y recibir lo bueno de otras tradiciones y

adaptarlo al proceso personal. El peligro es hacerse una «religión a la carta» que no respete la coherencia de cada elemento en el interior de su propia constelación, fomentando así la banalización y el consumismo de novedades, que no transforman a la persona, sino que simplemente la entretienen.

4 Frente a un cristianismo saturado de instancias intermediarias, la New Age interpela con la búsqueda de verdaderos mistagogos, es decir, maestros que ayuden a las personas y a las comunidades a introducirse en el misterio de ellas mismas, de Dios y del mundo. El peligro de este carismatismo contra-institucional es suscitar nuevas dependencias y personalismos que no permitan realmente hacer crecer a las personas y que den lugar a comunidades frágiles e inconstantes, sin tierra firme donde echar raíces.

Todo ello no son más que pequeños apuntes de una reflexión y de un discernimiento que habrá que mantener abierto en las próximas décadas, con la confianza de que hay «amigos de Dios y profetas» (Sab 7,27) en cada generación.

III

CO-INSPIRACIONES

VIII

LA INTEGRACIÓN COSMOTEÁNDRICA

> *Hay una relación intrínsecamente triple*
> *que manifiesta la constitución íntima de la realidad.*
> *Todo lo que existe, cualquier ser real,*
> *presenta esta constitución trina* [...].
> *Esta relación brilla, siempre nueva y revitalizada,*
> *en cada destello de lo real.*
>
> RAIMON PANIKKAR

> *El Uno grabó en nuestros corazones*
> *la sagrada Tétrada, símbolo infinito y puro,*
> *fuente de la naturaleza y modelo de los dioses.*
>
> PITÁGORAS

Lo propio de las religiones es *religar* la existencia individual con la realidad total. La razón de ser de todas ellas es despertar a la conciencia de su estado de separación y de letargo y reintegrarla a esa comunión. Frente a otras instancias humanas productivas como la economía, escrutadoras como las ciencias, organizadoras del espacio y bien comunes como la política, sitúan al ser humano ante la adoración, el agradecimiento y la ofrenda. La adoración es una alternativa al escepticismo y al cinismo; el agradecimiento, a la exigencia y a la queja; la ofrenda, a la depredación del otro y del planeta.

Cada camino tiene su modo de vincular con la realidad que se despliega cosmoteándricamente, integrando materia, mente y espíritu; cuerpo, conciencia y trascendencia; acción, palabra y pensamiento; mística, ética y ecología, y muchos otros modos de señalar la tríada esencial divino-humano-cósmica que constituye el entramado de lo real.[1] Las religiones son pasajes, tránsitos para irse abriendo a esta triple dimensión. Son pedagogías iniciáticas que se difractan en tres terrenos: ofrecen unas creencias que están en relación con lo divino; proponen unas pautas éticas para enseñar a vivir en comunidad; celebran unos ritos en relación con lo cósmico que sirven para ubicarse en el espacio y en el tiempo y para reverenciar la tierra. Ello crea una constelación inseparable, y es lo que otorga a cada religión su carácter particular.

I LAS TRES GRANDES CONSTELACIONES RELIGIOSAS

Estas tres dimensiones están en relación con las tres grandes constelaciones en las que se pueden agrupar las diversas tradiciones religiosas.

a Las religiones cósmicas

Estamos ante las tradiciones *aborígenes*, llamadas así porque están en los orígenes (*ab-origen*) de todas las demás y se encuentran diseminadas por todo el planeta. Se caracte-

---

1. Me remito una vez más a la obra clave de Raimon PANIKKAR, *La intuición cosmoteándrica. Las tres dimensiones de la realidad*, Trotta, Madrid, 1999, ahora en Raimon PANIKKAR, *Visió trinitària i cosmoteàndrica: Déu, home, cosmos*, Fragmenta (Opera Omnia Raimon Panikkar, vol. VIII), Barcelona, 2011, pp. 203-380.

rizan por cultivar la relación sagrada con la tierra. Por ello también se las puede llamar *teo-cósmicas*. El mundo es el lugar de la manifestación y comunicación de la divinidad. La naturaleza es el ámbito de su revelación. Los animales, las plantas, los ríos y las cascadas, las rocas y las montañas son venerados porque a través de ellos entran en comunicación con lo sagrado. Su percepción de la realidad se difracta en tres ámbitos: el supramundo invisible, el mundo visible y el inframundo también invisible. Entre las dos invisibilidades se despliegan las formas y seres materiales que son encarnaciones de las fuerzas celestes u oscuras. De allí se desprende un sentido muy agudo del equilibrio cósmico para mantener la armonía metacósmica. Por ello se busca la reciprocidad con los diferentes elementos de la naturaleza, a la cual no se le puede pedir más de lo que el ser humano le dé. Tal es el sentido de la estructura sacrificial de los ritos: todo lo que se le quita a la vida se le ha de restituir con otra forma de vida. Así se mantiene el vínculo con la naturaleza y con las presencias invisibles que en ella toman forma.

El vínculo con la tierra está asociado con el culto a divinidades femeninas. El ser humano se siente ligado a la naturaleza como el feto a la placenta. El elemento religioso por excelencia es el rito, en el que están incluidas la palabra (en forma de relatos primigenios), la danza y la música, vibraciones del cosmos que los humanos convierten en gesto y significado, restableciendo periódicamente en comunidad su conexión con el gran todo.

El nexo con el entorno es primordialmente de orden espacial. Son los lugares los que son significativos. De aquí la veneración por los parajes sagrados, relacionados con manifestaciones poderosas de la naturaleza y con las emanaciones telúricas de la tierra. El tiempo, en cambio, es de carácter repetitivo, como el ciclo de las estaciones que rigen sus vidas.

b Las religiones teístas-personalistas

El horizonte cósmico ha sido sustituido por el antropológico. El Ser divino es generador de personalismo, ya que los seres humanos son concebidos a «imagen y semejanza de Dios» (Gn 1,27). Dios es percibido como el Yo primordial que se relaciona con el ser humano como un tú al que le otorga la máxima dignidad, así como el yo humano se refiere a la divinidad como el Tú por excelencia. Esta concentración antropocéntrica conlleva un antropoformismo de la divinidad, que tiene la iniciativa de revelarse. La sacralidad está vinculada a personas singulares que han sido receptoras de un mensaje. Aquí identificamos al judaísmo, al cristianismo y al islam. También podemos ubicar al sikhismo y a la religión bahá'í.

Más que el rito, predomina la palabra, proclamada primero y escrita luego. Cuando ha sido escrita, es pronunciada de nuevo como una actualización de lo que ya sucedió y que está siempre por suceder. En la palabra sagrada han quedado recogidos los eventos y los contenidos revelatorios. La experiencia religiosa que de aquí se deriva es estar a la escucha. La visión y el tacto dejan paso al oído. La Madre se aleja para dejar el puesto al Padre. En lugar del rito y el tabú, la palabra y la ley.

Si a las religiones aborígenes las caracteriza la espacialidad, lo propio de las religiones teístas es la temporalidad. El momento fundante inicia un calendario que se desplaza hacia la plenitud final. El sentido de la historia se despega de la temporalidad cíclico-cósmica. Irrumpen el pasado como memoria y el futuro como promesa a costa de debilitar el presente como hogar. El instinto de superación desplaza el instinto de comunión con las fuerzas cósmicas, y las tradiciones personalistas se alejan de su vínculo con la naturaleza que tuvieron nuestros ancestros. A cambio de ello, el ser humano se siente responsable del destino de la tierra y del lugar que ocupa en ella, con el riesgo de utilizarla sin venerarla.

c Las religiones oceánicas

Situándose entre ambos extremos —el cosmocentrismo y el antropocentrismo—, en un lugar tercero más allá de ellos, lo propio de la experiencia religiosa del hinduismo, del buddhismo y del taoísmo es percibir la realidad como un Todo en el cual el yo emerge y se sumerge continuamente. Desaparecen el Tú de Dios y el yo humano en un flujo de formas y existencias relacionales dentro de una totalidad no-dual. En contraposición al camino personalista centrado en la irrepetibilidad del yo, se considera que cada vez que se dice *yo* o *mío*, resurge la agonía del ser humano separado del Todo que lo constituye; cada vez que se renuncia al *yo* y a lo *mío*, fluye de nuevo en ese Todo.

Reaparece la espacialidad de la naturaleza a partir del contacto con la propia corporeidad, que es el lugar primordial que nos es dado para situarnos entre los demás seres vivientes. La temporalidad se concentra en el presente, en la atención al instante, considerando el pasado y el futuro como derivas y alienaciones de la mente.

En lugar del rito y la palabra se cultiva la quietud y el silencio. A través de este se alcanza el mismo lugar al que el rito y la palabra tratan de llegar. El ser humano se convierte en receptáculo de presencia y esa Presencia ocupa todo el lugar mental y afectivo. La comunicación se establece por medio de la espaciosidad que se abre al renunciar a la noción de un yo separado.

La revelación no procede de un ser trascendente sino de la autoluminosidad de la conciencia que ha superado su autorreferencia y se comprende a sí misma desde el fondo que la gesta continuamente. Ya no se percibe separada de ese fondo, sino que es testigo indiferenciado de ella.

Estos tres modelos, siendo incuestionablemente diversos e incluso contradictorios, no se anulan entre sí, sino que representan distintos modos de acceso a la misma y única realidad a la que pertenecemos todos. Más allá de sus contenidos concretos, tienen en común impulsar un triple descentramiento: hacia el Otro —ya sea trascendente o inmanente—, hacia los otros y hacia lo otro. Lo primero marca el camino místico hacia el misterio; lo segundo va hacia los demás seres humanos e indica el camino ético; y lo tercero va hacia las cosas y hacia la naturaleza, lo cual introduce en el camino ecológico, o mejor aún, *ecosófico*, en el sentido de estar a la escucha de la sabiduría de la tierra.[2]

Las religiones son maestras de interioridad, impulsoras de solidaridad y motivadoras de sobriedad. En definitiva, proponen un único y común camino de salvación: liberarse

---

2. *Cf.* Raimon PANIKKAR, *Ecosofía. Para una espiritualidad de la tierra*, San Pablo, Madrid, 1994.

del yo depredador y convertirlo en donación. Todo camino religioso debe tener en cuenta la interrelacionalidad de estas tres dimensiones porque las tres emanan del mismo despertar: vivir la existencia y la realidad toda como don y no como apropiación. Lo que está en juego es formar y preparar para una existencia abierta, disponible, en plena y continua presencia de la Presencia que está en todo momento actuando. Con palabras del Dalai Lama, «todas las vías, aunque difieran y veces se contradicen, trabajan la transformación interior del flujo de la conciencia, lo cual hace de nosotros personas más entregadas».[3]

2 EL MODELO LAICO O LA SECULARIDAD SAGRADA

En esta convocación de las diferentes sabidurías de la tierra, hay que incorporar una cuarta aproximación que no se identifica con las tradiciones religiosas: el modelo *secular*, fenómeno propio del Occidente moderno y contemporáneo, aunque no exclusivamente, porque también se ha dado de alguna manera en otras civilizaciones, como en la helénica con el estoicismo y el epicureísmo, en la India con el Nyaya, en la China con el confucionismo y en el islam con el falsafismo, cuyos pensadores más representantes fueron Avicena y Averroes entre los siglos IX i XII. Este modelo, en sus posiciones actuales, postula que la ultimidad está en las cosas y en las personas tomadas por sí mismas, sin ninguna otra referencia trascendente que las sostenga.

---

3. DALAI LAMA, *Mi biografía espiritual*, Planeta, Barcelona, 2010, p. 96.

Las causas de por qué la mentalidad laica crece en nuestras latitudes son diversas y complejas, pero sin duda están en relación con el avance de los medios de subsistencia a partir de la revolución industrial y postindustrial. Los contenidos han sido sustituidos por los modelos, y las creencias estáticas, por los postulados dinámicos.[4] La sociedad tecnocrática ha desarrollado un sentido de la concatenación de las causas y efectos que la lleva a no necesitar postular una dimensión superior para comprender el funcionamiento de las cosas. Ello no conduce necesariamente a un utilitarismo cínico ni a un cientifismo frío o deshumanizador, sino que también genera valores de escucha y respeto por lo que es perceptible por los sentidos y predecible por el modesto avance de la razón, tratando de poner el empeño en la mejora de las condiciones de vida. Impulsa la dimensión ética y el compromiso ecológico, el interés por mejorar el entorno colectivo a través de la técnica y de la ciencia, transformando el medio en que vivimos.[5]

La mentalidad secular se desidentifica de los prejuicios y tabús de los modelos religiosos precedentes. Diferentes pen-

---

4. *Cf.* los análisis que hace al respecto Mariano Corbí en *Hacia una espiritualidad laica*, Herder, Barcelona, 2007, pp. 169-255.

5. Me remito a autores como Javier SÁDABA, *¿Qué es un sistema de creencias?*, Libertarias, Madrid, 1991; *Saber vivir: análisis y gozo de la vida cotidiana*, Libertarias, Madrid, 1998; *De Dios a la Nada: las creencias religiosas*, Espasa Calpe, Madrid, 2006; Luc FERRY, *Apprendre à vivre*, Plon, París, 2006; Luc FERRY, *Apprendre à vivre*, vol. II, J'ai Lu, París, 2008. De este autor, la editorial Fragmenta ha publicado un diálogo con el arzobispo de Lió, Philippe Barbarin, mantenido con motivo del ciento cincuenta aniversario de la Basílica de Santa Clotilde en París, en el 2007. *Cf.* Philippe BARBARIN y Luc FERRY, *¿Quin futur per al cristianisme? Un cardenal i un filòsof, cara a cara*, Fragmenta, Barcelona, 2010.

sadores están reivindicando que negar la existencia de una realidad trascendente o explícitamente religiosa no comporta prescindir de la dimensión espiritual. Uno de los autores contemporáneos más representativos de esta corriente es el filósofo francés André Comte-Sponville, quien ha desarrollado explícitamente los contenidos de una espiritualidad atea o sin Dios. Considera que una persona no-creyente o no-religiosa también es capaz de captar el misterio de las cosas, de vivir abierta y admirativa ante la inmensidad, que es capaz de desear el silencio y nutrirse de él, y de tender hacia la simplicidad con la conciencia de la unidad de todo, caminando con serenidad y aceptación, con libertad e independencia en una búsqueda honesta por la verdad y con respeto hacia los demás seres.[6]

Ello ha hecho hablar a Raimon Panikkar de la *secularidad sagrada*.[7] El carácter sagrado de este cuarto modelo no-religioso consiste en no separar lo trascendente de lo inmanente, lo sobrenatural de lo humano, lo sagrado de lo profano, superando así los diferentes dualismos. Parte de la constatación de que vivimos en esta realidad y no en otra. Es en ella donde se debe descubrir el sentido y la profundidad, en ella donde estamos llamados a desplegar lo mejor de nuestras capacidades tanto de transformación (activas) como de acogida (pasivas). Desplazar la sacralidad a una trascendencia intangible o incorpórea se percibe como una forma de escapismo imperdonable, tal como fue denunciado

---

6. *Cf.* André COMTE-SPONVILLE, *El alma del ateísmo*, Paidós, Barcelona, 2006, p. 143-205.
7. *Cf.* Raimon PANIKKAR, *El mundanal silencio*, Martínez Roca, Barcelona, 1999.

por los maestros de la sospecha. Con todo, este marco no está todavía maduro, porque con frecuencia se subraya el elemento inmanente en detrimento del trascendente.

3 CUATRO MODELOS DE INTEGRACIÓN DE LA TRASCENDENCIA Y LA INMANENCIA

Podemos retomar la caracterización de estos cuatro modelos a partir de dos categorías fundamentales que marcan los dos polos de lo real: *trascendencia* e *inmanencia*. La primera proviene de *trans*, 'más allá', y *scando*, 'escalar', es decir, 'rebasar ascendiendo'. Se utiliza una imagen espacial para indicar que la realidad absoluta está más allá de la realidad visible, la cual, de alguna manera, hay que superar o abandonar. Por el contrario, *inmanencia* proviene de *in-manere*, 'quedar, permanecer en el interior'. Aquí lo absoluto no se concibe más allá de las cosas, sino más acá de ellas, en su más honda mismidad. Combinando entre sí estas dos categorías filosóficas y teológicas, aparecen cuatro tipologías cosmovisionales que se corresponden con las cuatro constelaciones que acabamos de ver:[8]

    a Una *trascendencia inmanente*, de carácter maternal, que presenta un predominio de los aspectos femeninos y tiende a la absorción en la divinidad a través de los elementos de la naturaleza y también mediante las técnicas de meditación que buscan la inmersión

---

8. *Cf.* Raimon PANIKKAR, *Mito, fe y hermenéutica*, Herder, Barcelona, 2007, pp. 327-331.

VIII. LA INTEGRACIÓN COSMOTEÁNDRICA

de la conciencia en la totalidad. Aquí hallamos a las religiones cósmicas y la noción hindú de Brahman, donde la experiencia suprema es la comunión con ese Todo.

b Una *trascendencia trascendente*, asociada a la creencia teísta o monoteísta, vinculada a la figura de Dios como Padre, donde se da un predominio de la masculinidad. El ideal es la santidad (de *sanctus*, participio de *sancio*, 'cortar', 'separar', de la misma raíz que *sagrado*), lo cual comporta un alejamiento del contacto y fomenta la idea de separación y de distancia entre el Creador y lo creado. La experiencia suprema es la experiencia del Totalmente Otro.

c Una *inmanencia trascendente*, donde la divinidad tiene un carácter neutro e impersonal, expresado como Nirvana, *sunyata* y también como Tao. No es nominable porque antecede a la posibilidad misma de nombrar. Acentúa la indiferenciación de las formas y los seres en el fondo del que continuamente emergen. La experiencia suprema no es en modo alguno experienciable sino en la misma cotidianidad de las cosas, en el retorno al mercado.

d Una *inmanencia inmanente*, donde la dimensión última de la realidad es claramente apersonal y laica, basada en la aceptación de la condición humana y polarizada por el servicio al orden mundial. Estamos en el ámbito de la secularidad sagrada. La experiencia suprema es la del sabio que reconoce con lucidez los meandros de la mente y corazón humanos, tanto en su existencia individual como colectiva.

Es urgente recoger la savia de estas cuatro corrientes que bañan la tierra y nutren a la especie humana. La tríada cosmoteándrica que se desplegará en los siguientes capítulos se combina con esta *quaternitas*. La suma de ambas hace siete, el número completo. Hemos de esforzarnos por fecundarnos mutuamente para conspirar por lo mejor de lo humano en una apertura creciente hacia la profundidad y amplitud de lo real que se abre ante nosotros.

Todas las tradiciones nos dicen que lo que necesitamos ya está aquí y que lo que está aquí lo necesitamos. Ello requiere un trabajo continuo de apertura, un estado de la mente-corazón permanentemente receptivo, flexible, capaz de revisión constante, acogiendo y dejando ir, tomando y desprendiéndose, sin aferrarse a nada, creciendo en cada desasimiento para que permita una nueva captación de tanta realidad todavía por descubrir y por inaugurar.

IX

VÍA MÍSTICA:
LA PROFUNDIDAD DEL MISTERIO
Y EL CULTIVO DE LA INTERIORIDAD

> *Aunque no lo queramos,*
> *Dios madura.*
> RAINER MARIA RILKE

LA TAREA DE LAS RELIGIONES es indicar la profundidad de lo real de donde emergen las formas que somos, formas que recibimos con la vida en nuestra individualidad concreta y que estamos llamados a entregar para regresar al Origen que nos engendra. El misterio del origen es, a su vez, el misterio del fin, la plenitud que anhelan todos los seres, la cual se despliega a partir del desarrollo de la conciencia, tanto individual como colectiva. Esta es la razón de ser de las religiones: despertar la percepción de esta Presencia-Misterio que se da aquí y ahora, a cada instante, y que cada tradición percibe y llama de una forma diferente.

1 HACIA EL FONDO DE LO REAL

Necesitamos maestros que nos ayuden a vivir en estado de apertura. No basta con dar el primer paso sino que hay que recorrer los diferentes estadios de la transformación hacia regiones cada vez más transparentes y desegocentradas. Se necesitan personas que hayan atravesado la noche y sean capaces de acompañar a otros en sus perplejidades sin dar respuestas fáciles, pero estimulando la capacidad de abrir aún más las preguntas e ir hasta sus raíces.

El verso de Rainer Maria Rilke que encabeza este capítulo nos da pistas: «Aunque no queramos, Dios madura.»[1] No es que Dios madure: lo que madura es nuestra imagen de Dios. ¿Qué significa madurar? Abrirse. Lo verde está rígido para proteger la semilla. Cuando la semilla crece, el fruto reblandece y suelta la semilla. Su madurar es su soltar. A lo que nos invita la perplejidad del encuentro interreligioso es a soltar. Desprendernos nos produce titubeo, temor y angustia. Pero ¿de qué otro modo podríamos crecer? ¿No es acaso una llamada a la otra orilla lo que se nos está haciendo? ¿No nos lo han dicho ya los que han avanzado sin retroceder por el no-camino de la fe?

> Para venir a lo que no gustas,
> has de ir por donde no gustas;
> para venir a lo que no sabes,
> has de ir por donde no sabes;
> para venir a donde no posees,
> has de ir por donde no posees;
> para venir a lo que no eres,
> has de ir por donde no eres.[2]

---

[1] «Auch wenn wir nicht wollen: | Gott reift.» Rainer Maria RILKE, «Libro Primero: El libro de la vida monástica» [1899], en *El libro de horas*, Hiperión, Madrid, 2005, p. 39.

[2] JUAN DE LA CRUZ, *Subida del Monte Carmelo*, II,16.

Esta creciente negación que va desde el no-gustar hasta el no-ser a través del no-saber y del no-poseer indica la radical discontinuidad que conlleva el proceso creyente para que el horizonte hacia el que somos conducidos no sea la proyección del mundo construido por nuestra mente o por nuestros deseos, sino que realmente trascienda el reino de la autorreferencia para abrirnos a una espaciosidad siempre por alcanzar.

Se lee en un versículo del único poema que se conserva de Parménides: «Las creencias basadas en apariencias deben ser verosímiles mientras recorren todo lo que es.»[3] Tal vez nuestras creencias ya hayan recorrido todo lo que era y ante el presente derrumbamiento de las apariencias somos invitados a ir más adentro, «lago adentro», según las palabras de Jesús dichas en el lago de Galilea (Lc 5,4).

Que pueda haber un horizonte común más allá de nuestras interpretaciones parciales nos atrae a la vez que nos confunde. Nos atrae porque nos abre a un Dios mayor que confesamos como Misterio inabarcable. Nos confunde porque relativiza unas formas que hasta ahora habíamos dado por absolutas.

La novedad de nuestro tiempo es que ya no podemos entender nuestras creencias literalmente, míticamente, sino iniciáticamente. Esto significa interpretar la universalidad y la profundidad mística que hay detrás de cada mito. Por *mito* entiendo el carácter narrativo y figurativo que toda creencia contiene, imaginario indispensable porque existimos en el mundo de las formas. La iniciación consiste en

---

3. *Cf.* Peter KINGSLEY, *En los oscuros lugares del saber*, Atalanta, Gerona, 2006, pp. 54-55.

que, partiendo de unas formas concretas, se llegue a la *transforma*, de modo que ese acceso y ese despegue impliquen al mismo tiempo una transformación de quien se abre a la comprensión de su tradición como camino iniciático. Hoy somos más conscientes que nunca de que hemos de mantener abierto el Misterio. La misma ciencia queda suspendida ante la inmensidad del macrocosmos y la inasibilidad del microcosmos. Las investigaciones contemporáneas constatan que solo percibimos el 5 % de la densidad de la energía total del universo; el resto es materia oscura (23 %) y energía oscura (72 %), inaccesibles por el momento a nuestra observación. Se sabe que *algo* está ahí pero no se sabe qué es ni lo podemos captar. Si esto es así en el ámbito de las ciencias físicas, cuánto más deberíamos ser conscientes de ello en el ámbito de las ciencias del espíritu. Lo que acreditará cada vez más a una iniciación será una doble cualidad: la capacidad de conducir hacia la Ultimidad a través de un camino específico y bien pautado, y a la vez, la honestidad de mantenerlo despejado, siempre por explorar.

2 EL TRASCENDIMIENTO CONTINUO

El impás provocado por la diversidad de aproximaciones al Absoluto es una oportunidad para profundizar en el dinamismo de la experiencia creyente. Todo está abierto, siempre abierto, en un dinamismo inacabable de profundización. Nada puede proponerse como cerrado. Todo está radicalmente abierto porque la existencia misma es apertura y dinamismo que vienen impulsados por la atracción misma del Misterio. Si bien Paul Tillich habló sobre el *coraje de creer*,[4] también podríamos hablar del *coraje de dudar*, no cínicamente, sino confiadamente, lanzándonos a un horizonte que está siempre más allá, tanto de nuestras certezas como de nuestras dudas, ambas territorios de la mente, para adentrarnos en una espaciosidad siempre por descubrir.

Hay que dejar paso al Dios que adviene, conservando lo esencial de lo anterior, pero sin que ello impida abrirse a lo que irrumpe. Lo nuevo procede de un ámbito que no es nuestro y que nos es desconocido. Si lo conociéramos no sería adviniente, sino repitiente, prolongación de lo ya sabido. La fe cristiana ¿acaso no está atravesada por un ritmo continuo de muerte y resurrección, de vaciamiento para alcanzar una nueva región de realidad? Hay que atreverse a traspasar una y otra vez ese vado para crecer hacia nuevas comprensiones del Resucitado. Pasamos demasiado por alto la perplejidad de los relatos de resurrección. El reconocimiento del Resucitado no es regresivo y, cuando lo es, Jesús lo advierte: «No me retengas más.» (Jn 20,17) Parafraseando sus palabras: «Que tu reconocimiento no me retenga ni te retenga en lo que ya conoces sino que te conduzca hacia todo lo que te queda por conocer.» Y prosigue: «Voy a mi Padre, que es vuestro Padre; a mi Dios, que es vuestro Dios.» (Jn 20,17) Este subir es abrir, es expandir las estrechas imágenes de un mesías reducido a la historia de un pueblo, por escogido que fuera. ¿No era necesario que el mesías fuera suprimido por los sumos sacerdotes para que resucitara al tercer día (Lc 24,26)? Los sumos sacerdotes representan el secuestro de lo sagrado. Por ello se desgarra el velo del templo. Cristo no

---

4. *Cf.* el título de su libro más célebre: Paul TILLICH, *El coraje de ser* (1952).

puede ser contenido en el interior de paredes físicas ni mentales —esto es, dogmáticas— de ningún credo. El judaísmo de aquel momento no pudo abrirse a la culminación y novedad que Jesús aportaba a su propia tradición. A causa de esta cerrazón hubo de nacer una nueva religión. ¿Serán las actuales tradiciones capaces de abrirse a lo que se les ofrece y exigen los signos de los tiempos o habrán de nacer nuevas religiones a causa de las resistencias que oponen? Esta es una cuestión que hoy se han de plantear todas las tradiciones al salir al encuentro unas de las otras, interpeladas todas ellas por una Ultimidad mayor que las imágenes que cada una tiene de ella.

No digo nada que no esté ya presente en el dinamismo de trascendimiento de cada tradición, dinamismo que tiene un nombre para cada una: *pascua* para los cristianos; *éxodo* para el judaísmo; *hégira* ('partida', 'salida', 'emigración') para el islam, así como lo identificamos en la postración de su oración, el *suyud*, el tercer movimiento de la *salá* y también en su proclamación más característica: *Allah Akbar*, que significa no que Dios es grande (*kabir*) sino 'más grande', siempre más allá de cualquier concepción que se pueda tener de él. En el hinduismo está presente en el dinamismo de Shiva, el aspecto destructor-recreador de Dios; y en el buddhismo zen se expresa con el paso por la Gran Muerte. Todas las religiones están convocadas más allá de sí mismas y están atravesadas por la misma paradoja: son mediaciones para ir más allá de ellas a través de sí mismas. Tienen la capacidad de este trascendimiento porque están referidas a aquella Fuente cuya esencia es ser la donación de todo lo que es. Desvelan que el ser es donación y que la entrega libera.

En cada tradición se dan los elementos para no confundir lo que se ha vertido en ella con el continente que lo recoge dándole forma. Los cristianos confesamos que en Cristo Jesús se ha dado la revelación plena de Dios[5] y que esta plenitud se ha derramado porque en él se dio el vaciamiento total de sí mismo. Es más, confesamos que Jesús es el encuentro de dos vaciamientos: lo divino en lo humano y el humano en lo divino, expresado en el símbolo y la realidad de la cruz. Esto indica que Cristo no es un límite para el diálogo interreligioso, sino precisamente es el desvanecimiento de todo límite. Porque a Cristo solo lo conocemos y lo damos a conocer vaciándonos de nosotros mismos, vaciamiento que nos permite llegar a los demás. Lo mismo han de descubrir las demás tradiciones respecto de las propias mediaciones. En el islam, el abandono total a Alá lleva a la extinción del ego (*fana*) que permite encontrarse con el otro sin la proyección de sí mismo; igualmente, la categoría de *tzimtzum* ('retracción', 'retiro') de la mística judía expresa que Dios, para crear, se retiró desde su propio centro para posibilitar la creación en su interior, lo que indica que el encuentro de la fe judía con las demás fes pide este retirarse para dejarles espacio. Algo análogo sucede en el buddhismo con la noción de *sunyata* ('vacuidad') o en el hinduismo con la noción del velo de maya, el cual hay que retirar para que se manifieste la Unidad que subyace tras la diversidad de formas que se confunden con el Absoluto.

---

5. *Cf.* Jn 1,18; 3,18; 14,7; Hch 4,12; 17,31; 1Cor 3,11; Ef 2, 20; Ef 4,5; 1Tm 2,5; 1Jn 4,9; 1Pe 1,4-8.

3 LA NOCHE INEVITABLE

Creemos en la fecundidad de este tiempo de derrumbe, de noche colectiva, donde las seguridades de antaño se han puesto radicalmente en cuestión. Sacudidos tanto los dogmas como las ideologías, el ser humano es convocado a la profundidad que le habita sin saberlo y que está más allá de sus construcciones y destrucciones: ese Fondo irreductible que no pertenece a nadie ni a ningún grupo que se quiera apropiar de él. Cuando nos ponemos en contacto con ese Fondo, se regeneran también las relaciones con los demás humanos y con la tierra que sustenta nuestra vida. Ahora bien, para acceder a ese Fondo hay que pasar por inevitables desprendimientos, y cambiar las seguridades —las referencias externas— por las certezas —las referencias internas— e incluso ir más allá de las mismas certezas. Escribió el Maestro Eckhart: «Rogamos a Dios que nos vacíe de Dios y que alcancemos la verdad y la disfrutemos enteramente.»[6] Y ya hemos visto cómo san Juan de la Cruz habló de la nada como camino hacia el todo.[7] Y es que todos los místicos convienen en lo mismo: que hay que dejar de saber, de poseer, de gustar, e incluso, hay que dejar de ser, para ser llevados a regiones no contaminadas por nuestro entendimiento, que es hijo de la necesidad. Y solo entonces será posible «todo comprender».

De este modo, la perplejidad que el encuentro interreligioso produce a la fe se convierte en una ocasión privilegiada

---

6. MAESTRO ECKHART, «Los pobres de espíritu», en *El fruto de la nada y otros escritos*, Siruela, Madrid, 1998, p. 77.
7. JUAN DE LA CRUZ, *Subida al Monte Carmelo*, 13,10.

para crecer en esa misma fe. Con otras palabras más amables pero no menos radicales de Juan de la Cruz:

> Buscando mis amores
> iré por esos montes y riberas,
> ni cogeré las flores
> ni temeré las fieras
> y pasaré fuertes y fronteras.[8]

«Buscando», dice el poema. ¿Habíamos tal vez dejado de buscar entretenidos con nuestras flores y acorralados por nuestros temores a las diferencias, confundiéndolas con las fieras que aparecen en la noche? ¿Seremos capaces de traspasar los fuertes y fronteras de nuestras identidades? Las demarcaciones ayudan a orientar el pensamiento para que no se extravíe. Los místicos nos han dicho que los territorios son necesarios pero insuficientes. Desde esta perspectiva hay que resituar el argumento de las identidades que hemos visto en el primer capítulo. Cuando se está en busca de la Realidad primera y última de lo existente, estas delimitaciones son penúltimas. Lo supremo es perderse en la Ultimidad que, desposeyéndonos de toda autoidentidad, nos reviste de sí misma, más allá de toda pertenencia. Las religiones son sub-tradiciones de esta búsqueda y de esta experiencia espiritual común de la humanidad hacia el todo que constituye lo real. La noche es agonía mientras hay resistencia. Pero la misma noche se torna más luminosa que la luz cuando uno se deja conducir por ella:

---

8. JUAN DE LA CRUZ, *Cántico espiritual*, estrofa 3.

> ¡Oh noche que guiaste!
> ¡Oh noche más amable que la alborada!
> ¡Oh noche que juntaste
> Amado con amada,
> amada en el Amado transformada![9]

Lo que antaño fueron cimas insospechadas, inaccesibles y solitarias, hoy son puntos de partida para la multitud. La noche guía. La noche no es solo agonía sino también revelación donde se producen uniones y transformaciones cuyos nombres no se tienen antes de que sucedan. Es noche para nuestras seguridades y certezas surgidas de la razón, esto es, de la construcción de la mente. Bendita noche que nos permite adentrarnos en regiones que desconoceríamos si nos detuviéramos en el sol abrasador del mediodía.

4 LA DIMENSIÓN APOFÁTICA DE TODA FE

La perplejidad que nos produce el encuentro interreligioso nos conduce a la nube del desconocimiento que cubre la cima de la fe. Lo que antaño fue una excepción, un paraje inaccesible, hoy se revela como la tienda del encuentro con otras caravanas y nómadas que también han partido en busca del Absoluto. Nos encontramos cuando nos hemos permitido perdernos. Dice Dionisio el Areopagita en su *Teología mística*:

---

9. JUAN DE LA CRUZ, *Noche Oscura*, estrofa 5.

Cuando la mente está libre y despojada de todo cuanto ve y es visto, la persona penetra en las misteriosas Tinieblas del no-saber. Allí, renunciando a todo lo que la mente pueda concebir, abismada totalmente en lo que no percibe ni comprende, se abandona por completo en Aquel que está más allá de todo ser. Allí, sin pertenecerse a sí misma ni a nadie, renunciando a todo conocimiento, queda unida por lo más noble de su ser con Aquel que es totalmente incognoscible. Por lo mismo que nada conoce, entiende sobre toda inteligencia.[10]

Entender sobre toda inteligencia significa comprender más allá de las categorías que nos han guiado hasta el momento: «¡Que podamos también nosotros penetrar en esta más que luminosa Oscuridad! ¡Renunciemos a toda visión y a todo conocimiento para ver y conocer lo invisible e incognoscible: a Aquel que está más allá de toda visión y conocimiento!»[11] Y es que

> esta es la visión y el conocimiento verdaderos: alabar sobrenaturalmente al Supraesencial, renunciando a todas las cosas. Afirmar es ir poniendo cosas a partir de los principios, bajando por los medios y llegar hasta los últimos extremos. La negación, en cambio, es ir quitándolas desde los últimos extremos y subir a los principios. Quitamos todo aquello que impide conocer desnudadamente al Incognoscible, conocido solamente a través de las cosas que lo envuelven.[12]

Así interpreta el Maestro Eckhart la caída de san Pablo camino de Damasco:

---

10. DIONISIO EL AREOPAGITA, *Teología mística*, cap. 1, *Obras Completas*, BAC, Madrid, 1995, p. 373.
11. *Ibid.*, p. 374.
12. *Ibidem.*

«Pablo se levantó del suelo y, con los ojos abiertos, nada veía» (Hch 9,8). No puedo ver lo que es uno. Él nada veía, y eso era Dios [...]. Si Dios tiene que ser conocido por el alma es preciso que sea ciega. Por ello dice el texto: «veía» la «nada», por cuya luz es toda luz, por cuyo ser es todo ser.[13]

También son fundamentales las aportaciones de Nicolás de Cusa, teólogo y cardenal alemán del siglo XV.[14] En sus reflexiones invita una y otra vez a la *docta ignorancia*:

> Todos los entes participan de la Entidad. Eliminada la participación de todos los entes, queda la propia simplicísima Entidad, que es la esencia de todos los entes. No advertimos esta Esencia misma sino en la doctísima ignorancia, puesto que, cuando remuevo todas las cosas que participan de la Entidad, parece que no queda nada. Y por esto dice el gran Dionisio que el concepto de Dios se aproxima más a la nada que a algo. La sagrada ignorancia me enseña que esto que al entendimiento le parece nada es el Máximo Incomprensible.[15]

Este *Máximo Incomprensible* está radicalmente abierto y es imposible reducirlo a una confesión particular. El mismo autor, en su obra *La paz de la fe*, un texto que se puede considerar uno de los primeros documentos interreligiosos de la humanidad, redactado en 1453 bajo el impacto del saqueo

---

13. Me remito sobre todo a dos de sus sermones: «Bienaventurados los pobres de espíritu» y «Se levantó Pablo del suelo y al abrir los ojos no vio nada», en ECKHART, *El fruto de la nada*, pp. 75-81 y 87-93.
14. Alois M. HAAS, *Viento de lo absoluto. ¿Existe una sabiduría mística de la posmodernidad?*, Siruela, Madrid, 2009, p. 70.
15. NICOLÁS DE CUSA, *La docta ignorancia*, Orbis, Barcelona, 1984, p. 59.

de Constantinopla por parte de los turcos, se refiere explícitamente a la inefabilidad del Misterio al cual apuntan todas las religiones. Hablando desde nuestra tradición dice:

> Dios, en cuanto creador, es trino y uno; en cuanto infinito, ni trino ni uno, ni nada de lo que se puede decir, pues los nombres que se atribuyen a Dios se forman de las criaturas. Él mismo es inefable en sí y está por encima de todo lo que se puede nombrar o decir.[16]

La inefabilidad de lo Supremo lleva hasta el extremo la perplejidad de la fe. Solo así se puede producir un cambio de nivel. Estamos en el mismo clima del *Neti, neti* del hinduismo: 'No es esto, no es esto.' Dicho por una Upanishad:

> Aquello es distinto de lo conocido y está más allá de lo desconocido. Esto es lo que escuchamos a los antiguos maestros (*rishis*) que nos lo explicaron.
>
> Lo que no puede expresarse en palabras y sin embargo es por lo que las palabras se expresan, eso es en verdad el Absoluto, y no lo que las gentes adoran.
>
> Lo que no se puede pensar con el pensamiento y sin embargo es por lo que el pensamiento piensa, eso es en verdad el Absoluto, y no lo que las gentes adoran.
>
> Lo que no se puede ver con los ojos y sin embargo es por lo que los ojos ven, eso es en verdad el Absoluto, y no lo que las gentes adoran.

---

16. Nicolás de Cusa, *La paz de la fe*, Tecnos, Madrid, 1999, p. 18.

Lo que no se puede oír con el oído y, sin embargo, es por lo que el oído oye, eso es en verdad el Absoluto, y no lo que las gentes adoran.

Lo que no se puede respirar con el aliento de la vida y, sin embargo, es por lo que ese aliento respira, eso es en verdad el Absoluto, y no lo que las gentes adoran.[17]

En este mismo lugar se sitúa el taoísmo, que es una religión fundamentalmente apofática. Tao es un sonido, un fonema que se puede traducir por 'vía', 'curso', 'camino', en el sentido de que es la Realidad última que está siempre en proceso, en movimiento, siempre más allá de donde uno se encuentra:

> El Tao que se intenta aprehender no es el Tao mismo;
> el nombre que se le da no es su nombre adecuado.
> Su nombre representa el origen del universo;
> con su nombre, constituye la Madre de todos los seres.
> Por el no ser, aprehendemos su secreto;
> por el ser abordamos todos sus accesos.
> Ser y no ser brotan de un fondo único;
> no se diferencia más que por sus nombres.
> Y ese fondo único se llama Oscuridad.
> Oscurear esa oscuridad,
> tal es la puerta de toda maravilla.[18]

> Al mirarle, no se le ve. Se le llama invisible.
> Al escucharle no se le oye. Se le llama inaudible.
> Al tocarle, no se le siente. Se le llama impalpable.

---

17. Kena Upanishad, I,4-9, en *La sabiduría del bosque. Antología de las principales upaniṣáds*, Trotta, Madrid, 2003, p. 88.
18. Daodejing, I.

> Estos tres estadios cuya esencia es indescifrable
> se confunden finalmente en uno.[19]

En la tradición hebrea, el nombre de Dios, *Yahveh*, es un no-nombre, y en el islam se recitan los noventa y nueve nombres de Alá sabiendo que el número cien está más allá de la palabra y mente humanas. La dimensión apofática está presente en todas las tradiciones, conscientes de que es mucho más lo que queda por saber sobre Dios que lo que se pueda saber de él. En esto el buddhismo es absolutamente claro: sobre la realidad última no se puede hablar.

Si bien hasta el presente la posición apofática había sido considerada para minorías, hoy resulta necesaria para todos si queremos ser guiados más allá de la perplejidad y crecer en la fe. A partir de lo que hemos recibido de nuestras respectivas tradiciones somos convocados más allá de sí mismas a través de ellas mismas. La diversidad interreligiosa nos sitúa en el antes y el después de las formulaciones y creencias que se difractan en una diversidad desconcertante y contradictoria, y nos invita a dirigirnos hacia una profundidad siempre por alcanzar que nos sostiene más allá de toda dicción.

Si no eludimos sostenernos ante la inabarcabilidad del Misterio que se nos da a atisbar, ¿podrá ser añadida más perplejidad en el encuentro con otros atisbos del Misterio? Si antes no estábamos perplejos, es que habíamos domesticado la Ultimidad. Así, esta situación viene a colocarnos en el lugar primero y genuino de la aventura creyente, que no es otro que el del asombro, la adoración, la entrega, la indagación, la confianza y el riesgo.

---

19. *Ibid.*, XIV.

5 HACIA EL DIOS DESCONOCIDO Y RECONOCIDO

La situación presente nos impulsa a revisitar nuestras creencias y dejarnos sorprender por lo que cada tradición formula sobre lo que atisba como Realidad suprema. La esencial bifurcación se da entre concebirla como un Ser personal o impersonal. En el caso del cristianismo, la comprensión de Dios como tri-unidad, es decir, como un Ser cuya naturaleza está difractada en tres Personas nos abisma en una luminosa oscuridad. Atisbar que Dios, en su profundidad inaccesible y a la vez más próxima, es un flujo continuo desde un Fondo inasible (Padre) hacia la Forma (Hijo) y un retorno de la Forma (Hijo) hacia la No-Forma originante (Padre) en el dinamismo del Espíritu, no puede producirnos más que perplejidad sobre perplejidad, ya que continuamente y sin cesar el Uno está en el Otro de sí, en un éxtasis que llamamos *amor*. Si Dios mismo es continua salida de sí dentro y fuera de sí mismo, ¿cómo podríamos instalarnos nosotros en una imagen sobre él?

En los Hechos de los Apóstoles, en dos ocasiones Cristo es llamado *archegos*, 'el que conduce a los orígenes' (Hch 3,15 y 5,31). Los cristianos accedemos a esos orígenes a través de la persona de Jesús y participando en el mismo dinamismo pascual, según el cual ganarse es perderse y perderse es ganarse. Hoy se le invita al cristianismo a abrirse al reconocimiento de que ese acceso a la Profundidad-de-lo-que-es puede darse a través de otras mediaciones, al igual que cada tradición también ha de aprender a hacer tal reconocimiento.

Todo ello no nos lleva a la deriva, donde sirviera cualquier enunciación del Misterio. Al contrario, nos obliga a estar más atentos y despiertos para identificar los criterios trans-confesionales que permitan discernir si lo creído, si lo configurado por una creencia particular adentra o aleja del proceso transformador de autodonación que nos permite percibir la sacralidad de la existencia.

El criterio de discernimiento de la verdad no podrá ser otro que el criterio de santidad: ¿en qué medida los diferentes caminos son impulsos para vivir la vida como un don que se da? La perplejidad se torna entonces reconocimiento de estos destellos de santidad, semillas de vida y de sabiduría que brotan por doquier y que se nutren de diversos credos.

Retomo el verso de Rainer Maria Rilke: «Aunque no queramos, Dios madura.» Lo que madura es la capacidad de abrirnos a formas que no son las nuestras para poder reconocer el origen y fondo de lo real, desprendiéndonos de nuestros aferramientos para caer en la tierra como semillas de árboles antiguos que permitan dar vida a nuevos árboles. Este es nuestro momento: tiempo de caída y de apertura para dejar que nazcan en nosotros y a través nuestro nuevas formas contenidas en las antiguas pero que ya no pueden ser las mismas. Hay que dejar que aparezcan las advinientes. Asumida la perplejidad, nos aplicamos al discernimiento al que nos obliga la diversidad y nos disponemos conjuntamente a indagar, escuchar y celebrar el Misterio que nos sostiene y nos impele a abrirnos en cada instante de nuestro existir.

6 LAS RELIGIONES COMO MISTAGOGAS DEL SILENCIO

Las religiones inspiran palabras para pronunciar el Silencio. Palabras que se organizan en diversas gramáticas de sentido. Cada tradición es un sintagma que habla de Lo-que-nopuede-ser-dicho. Al hacerlo, relata mitos, compone cánticos, formula sentencias y escribe tratados llenando bibliotecas que estimulan el desarrollo de las lenguas; enriquece el bagaje de literatura de los pueblos, e inspira a sus mejores poetas. Pero la religión, al pronunciar sus palabras, tiene que recordar su función. La palabra que no está gestada en el silencio y que no remita a él es palabra profana. Las religiones, como los poetas, otorgan al lenguaje la densidad de lo inefable. La expresión religiosa, cuando no evoca lo que antecede a la palabra y lo que hay tras ella, es charlatanería de lo sagrado, así como el lenguaje profano, cuando es portador de esa hondura, se convierte en lenguaje sagrado.

Nuestra cultura necesita más que nunca de esa «música callada».[20] Más que nunca requiere de palabras que evoquen lo Indecible para que recuperen esa profundidad sin la cual el hablar humano resulta vano. La crisis de las religiones es una crisis de lenguaje. Han hablado demasiado. Las religiones, más que a hablar, nos tendrían que enseñar a callar y a acallarnos. Silenciados, aprenderíamos a hablar. Nuestra cultura tiene necesidad de silencio, pero a la vez lo teme. Acusamos el exceso de palabras, pero no sabemos dejar de hablar compulsivamente. El silencio no es mutismo. Hay un callar vacío y un callar pleno, como hay un hablar vacío y un hablar pleno, que es lo que distingue a la palabra-sentido de la palabra-ruido. ¿No es acaso la mística el crisol donde convocar la palabra y acallarla, y donde aprender a evocar lo Inefable sin profanarlo?

Hoy en día tenemos acceso a múltiples modos de silenciamiento y se nos da la oportunidad de poder elegir entre las

---

20. JUAN DE LA CRUZ, *Cántico espiritual*, 14.

diversas prácticas. A ninguna generación se le ha dado poder elegir entre tantos caminos. Pero ello conlleva el riesgo de que cuando el ego se siente amenazado cambie de camino en lugar de vencer sus resistencias. De este modo, cambiando continuamente de práctica no se llega nunca hasta el final, sino que se está siempre comenzando. Se requieren maestros que no fomenten la autocomplacencia sino que ayuden a llegar a la otra orilla logrando la rendición y muerte del ego. Hay que advertir sobre el peligro de los pseudomaestros: aquellos que habiendo alcanzado algún atisbo de liberación se ponen a enseñar a otros sin haber acabado ellos mismos el recorrido, con lo cual solo son capaces de acompañar un tramo del proceso, reduciendo las posibilidades y el horizonte de la transformación.

Las prácticas de silenciamiento están más allá de las confesiones particulares. Las diversas vías pertenecen al patrimonio de la humanidad. Las religiones harán su función en nuestra sociedad si se convierten en mistagogas —iniciadoras— tanto de la palabra como del silencio. Así, su acallar no será evasivo sino dinamizador de la escucha. En el saber escuchar se despiertan aspectos subversivos, porque, acallados los ruidos del ego, se oye la voz de los sin-voz, lo cual hace lúcidos y compasivos a los seres silenciosos.

X

VÍA ÉTICA: LA SACRALIDAD DEL OTRO Y EL CULTIVO DE LA SOLIDARIDAD

> *Ama a tu prójimo.*
> *Todo esto es tú mismo.*
> *Esta obra es tú mismo.*
> *Este amor es tú mismo.*
> EMMANUEL LÉVINAS

Si lo propio de la mística es la visión de lo que ya es y vivir desde la certeza de lo Invisible, lo propio de los profetas es la palabra y la denuncia de lo que debería ser y todavía no es. Más que nunca necesitamos la voz de todos los seres lúcidos que han vivido sobre la tierra y que han interpelado a su generación para avanzar en el crecimiento de la sensibilidad por lo humano y para aprender cómo solucionar el abuso de unos hacia los otros, la repartición desigual de los bienes, el olvido y exterminio de los que no tienen voz. La palabra profética, tanto de las tradiciones religiosas como de las seculares, es necesaria para la paz mundial, que solo provendrá de un nuevo orden internacional que resuelva las grandes injusticias a escala planetaria.

I LA ASUNCIÓN DEL YO, LA APERTURA AL TÚ Y LA INCLUSIÓN DEL TERCERO

En un primer estadio, las religiones ayudan a tomar conciencia de la existencia personal, sacándola del caos de la indiferenciación y del carácter impersonal de la especie o del grupo. Dan nombre a cada uno, a través de los diversos ritos de pasaje que aparecen a lo largo de una vida. Ofrecen pautas y criterios para acompañar el proceso de personalización de cada cual. Así, cada ser humano encuentra su lugar en la comunidad y en el mundo.

Pero a la vez que acompañan la progresiva asunción del yo irrepetible de cada uno, enseñan a abrirlo al *tú* de los demás. Las religiones transitan el espacio que se abre entre tres *yos*: el mío, el tuyo y el suyo. Las diversas propuestas éticas no son más que concreciones de la común ley universal: «No hagas a los demás lo que no quieres que te hagan a ti»; en formulación positiva: «Ama a los demás como a ti mismo.» Ello supone un avance en la conciencia ética del individuo, ya que le saca de su narcisismo y de su autismo. Estos avances provienen de aquella primera era axial de la humanidad en la que se empezó a tomar conciencia de la igualdad de todo ser humano y de su dignidad inalienable. La percepción del otro con un yo semejante al mío implica la capacidad de relativización del propio territorio. El otro no solo existe como un objeto de mi depredación, sino que es poseedor de una dignidad que proviene de una fuente anterior y común a la mía: la participación en el ser.

Por encima de las diferencias indiscutibles de los diversos códigos morales de cada religión, todos ellos tienen en común tratar de contener las confusas pulsiones del ego, marcándole sus límites para que aprenda a vivir en comunidad. Los cuatro preceptos básicos que, de un modo u otro, encontramos en todas las tradiciones religiosas y humanistas como la base de la convivencia social, son: no matarás, no robarás, no desearás el cónyuge de tu prójimo y no mentirás. El primero está relacionado con el valor de la vida; el segundo, con nuestra relación con las cosas; el tercero, con la pulsión sexual, que es el impulso primordial de la vinculación y la perpetuación de la vida; y el cuarto, con la autenticidad de la palabra, base para unas relaciones humanas consistentes. Lo propio de las religiones es crear el sentido de comunidad y nutrirlo. Los otros forman parte de mí como yo de ellos. El destino de uno es el destino de todos. Se supera así la dualidad que refuerza el deseo autocentrado.

Podemos agrupar en dos grandes talantes la aportación de las religiones al impulso de la solidaridad y de la construcción de la comunidad humana: el principio de personalización, que nace del reconocimiento del valor inalienable de toda persona; y el principio de oceanización, que lleva al respeto por la existencia de todo ser como manifestación de la Realidad total que está presente en todo. Lo primero es propio de las religiones monoteístas, que tienen un carácter activo y —podríamos decir— masculino, mientras que lo segundo proviene de las religiones orientales, de carácter receptivo y que podemos identificar como femenino.

2 EL IMPULSO PROFÉTICO DE LAS RELIGIONES TEÍSTAS

Las tradiciones teístas-personalistas emanan del relato del Génesis en el que el ser humano es concebido como «imagen de Dios» (Gn 1,27). De ahí se desprende tanto el rasgo antropomórfico del Dios bíblico, invocado como el Tú por excelencia, como el carácter teomórfico del ser humano que es capaz de ser interlocutor de Dios. El judaísmo cree en ese Dios personal creador de personas concretas con las que ha establecido su pacto: «el Dios de Abrahán, el Dios de Isaac, el Dios de Jacob» (Ex 3,15). La denuncia profética de la injusticia proviene de la experiencia de un Dios justo que tiene entrañas de misericordia, particularmente por la viuda, el huérfano y el forastero, las tres situaciones de aquella época que representaban a los más desfavorecidos.[1] Esta preferencia expresa la radical alteridad, la aproximación al otro sin intereses, el otro como la salvación del yo y como la metáfora del Totalmente Otro, tal como ha desarrollado profundamente el filósofo Emmanuel Lévinas. El rostro del otro es un tú que pone límite a la insaciabilidad del yo. Los profetas recuerdan que la angustia del sinsentido se calma cuando compartes el pan con el hambriento, recibes en casa al que no tiene techo y cubres al que está desnudo (Is 58,7).

> No te desentiendas de tus semejantes. Entonces brillará tu luz como la aurora y tus heridas sanarán enseguida.
>
> Is 58,7-8

El otro nos salva de nosotros mismos en la medida que nos comprometemos con él. El círculo del egocentramiento se quiebra ante la irrupción de la necesidad ajena y nos permite reconocernos como pobladores de la misma tierra. El otro ya no comparece como amenaza a mis reservas sino como

---

1. *Cf.* Is 3,14-15; 10,1-2; 32,6-7; Jr 5,28-29; Ez 16,49; 18,12-13; 22,29; Am 2,6-8; 4,1; 5,11-12; 8,4-8; Mal 3,5.

aquel y aquella que comparten mis mismas necesidades. Esa otreidad acompañante hace superar el aislacionismo de un yo encerrado en sus carencias y obsesiones. Comentando la obra de Lévinas, escribe Kapuscinski:

> Detente, parece decirle al hombre que corre en medio de la multitud desbocada. ¡Detente! Junto a ti hay otro ser humano. Ve a su encuentro, pues en ese encuentro reside la mayor vivencia, la experiencia más importante. Mírale a la cara. Él te la ofrece, y al hacerlo te transmite su ser. Más aún: te acerca a Dios.[2]

Esta Alteridad divina identificada con y en la alteridad humana encuentra su máxima formulación en la creencia cristiana de que Dios se ha hecho humano. Ello supone una concentración antropológica de la experiencia religiosa. En última profundidad, el otro es el Otro: «Os aseguro que cuando lo hicisteis con uno de estos mis hermanos más pequeños, conmigo lo hicisteis.» (Mt 25,40) La verdadera felicidad solo llega cuando se cuida del otro: «Dichosos los que tienen hambre y sed de justicia, porque Dios los saciará» (Mt 5,6); «Dichosos los que construyen la paz, porque serán llamados hijos de Dios» (Mt 5,9); «Dichosos los perseguidos por ser justos, porque de ellos es el reino de los cielos» (Mt 5,10). Queda así superada la dualidad entre lo humano y lo divino, entre lo divino y lo humano.

En lo que se refiere al islam, provocó una revolución igualitaria en el sistema social de las tribus de Arabia.[3] La

---

2. Ryszard KAPUSCINSKI, *Encuentro con el Otro*, Anagrama, Barcelona, 2007, p. 56.
3. *Cf.* Abdennur PRADO, *El islam como anarquismo místico*, Virus, Barcelona, 2010.

ummah, la comunidad islámica, establece un vínculo de fraternidad e igualdad que no existía en la Arabia preislámica.[4] El mensaje de Muhámmad supuso un avance en la conciencia social y por ello fue perseguido por los caciques de las tribus dominantes de La Meca. El islam participa de la corriente personalista en la medida en que Dios se revela dirigiéndose al ser humano como un tú al que inviste de toda su dignidad:

> Dijo el Señor a todos los ángeles: Pongo al ser humano como vicario mío sobre la tierra.
>
> Corán 2,30

Este vicariato, este califato, es el modo coránico de referirse al juego de espejos que supone haber sido creados a imagen y semejanza de Dios, pero eludiendo el término *imagen*, que es improcedente en el islam. Después de proclamar que solo Dios es Dios, el siguiente pilar es compartir el diez por ciento de los bienes con los que no tienen (*zakak*), lo cual indica la íntima vinculación entre la entrega a Dios —que es lo que significa la palabra *islam*— y la fraternidad.

Este compromiso de fraternidad adquiere su aspecto más vigoroso y explícito en el *yihad* musulmán. *Yihad*, 'esfuerzo', 'combate', se traduce normalmente por 'guerra santa'. Hay que entender el sentido exacto de este combate. Es el esfuerzo y el combate por la causa justa del islam.[5] La perversión

---

4. Uno de los pasajes más bellos se encuentra en el Corán 17, 23-39. También en el Corán 2,177.215.254.271; 3,17.191; 4,29.36.58.69.94.135; 5,8.12.28.55.89; 6,151-153; 7,55-56.204; 8,1-4; 9,71.119; 16,90-91; 17,22-38; 22,77-78; 26,55; 33,35; 42,37-39; 70,22-36; 73,20; 76,9-10; 83,18; 84,6; 89,17-20; 90,10-18; 93; 98; 103; 107.

5. En el Corán aparece con bastante frecuencia, sobre todo en el pe-

radica en que esa lucha se lance contra otros, en lugar de ser una lucha contra los instintos destructivos de uno mismo. En un versículo del Corán se dice:

> Quien mata a un inocente es como si matara a toda la humanidad,
> y quien salva una sola vida,
> es como si salvara la vida de toda la humanidad.
>
> Corán 5,32

El *yihad*, pues, no es un combate contra otros, sino a favor de los otros, a través de la lucha por la transformación de uno mismo. Así, dice el sufí Ata Allah:

> Realiza en ti los atributos de Dios, y Él te ayudará con los suyos; realiza en ti la humildad, y Él te asistirá con su grandeza; realiza la incapacidad, y Él te asistirá con su poder; realiza la debilidad y Él te sostendrá con su fuerza y su poder.[6]

No hay una guerra más santa que la que hacemos contra nuestro egoísmo para alcanzar continuamente la difícil y siempre amenazada fraternidad. Esta es la lucha (*yihad*) a la que convoca el Corán:

> No dudes más de tu camino.
> Para todas las personas
> hay una buena orientación.
> ¡Luchad, competid entre vosotros haciendo buenas obras!
> ¡Donde quiera que os halléis,

---

ríodo final de la vida de Muhámmad, debido a los enfrentamientos con la ciudad de La Meca: Corán 2,190.216.217.244.246.261.262; 3,146-148. 166-7; 4,74-75.84.88.91.95.100; 5,35; 8,17.65-66; 9,5.36-52.123; 22,40-41; 29,6; 47,4.32.38; 57,10-12; 61,11-14.

6. Citado por Emilio GALINDO, *La experiencia del fuego. Itinerario de los sufíes hacia Dios por los textos*, Verbo Divino, Estella, 1994, p. 99.

> Dios hará de todos vosotros un pueblo muy unido!
> Dios, el todopoderoso, tiene el poder de hacerlo.
>
> Corán 2,147-148[7]

La trascendencia divina posibilita la fraternidad humana porque impulsa al ser humano a ir más allá de sus instintos egocéntricos. Hace pocos años, en Argelia, una *tariqa* sufí convocó a las diferentes instancias del país para ver cómo la fe común en el islam podía ayudar a reconstruir el país y detener la feroz lucha fratricida.[8] Acudieron los grupos más dispares que hasta entonces habían sido incapaces de sentarse juntos: radicales fundamentalistas, laicos intelectuales, imanes y ulemas moderados y fanáticos, representantes de diversos medios profesionales… Al cabo de tres días, leyeron las conclusiones a las que habían llegado por unanimidad:

> Primera conclusión: yo-tú
> Segunda conclusión: tú-yo
> Tercera conclusión: ni tú ni yo, Él (él / ella)

Con tal concisión lograron expresar el proceso que se produce en el encuentro entre los humanos. Tomaron conciencia de que comenzamos siempre autorreferidamente, y que solo somos capaces de llegar al otro a partir de lo que somos. Este primer momento es indispensable para escuchar las necesidades de cada uno y tomar en cuenta anhelos y dolores de los que cada cual es portador. Solo después, en un segundo

---

7. Esta exhortación a competir en las buenas obras se encuentra también en Corán 18,7; 29,46.

8. Relatado por Khaled Bentounès en un encuentro internacional organizado por el Centro UNESCO de Cataluña, «Tradicions místiques i diàleg interreligiòs» (Barcelona, 2002). Actas publicadas por Francesc TORRADEFLOT, *Mística i diàleg interreligiós*, Fragmenta, Barcelona, 2007.

estadio, vamos siendo capaces de ir hacia el otro y establecer una relación de reciprocidad, donde no sea mi yo el que domine, sino que esté abierto a la irrupción y necesidades del otro. Pero el proceso no se acaba aquí, porque siempre hay un tercero al que referirse que no permite que nos quedemos encerrados a dos. Se trata del pobre, el extraño, el extranjero, que nos impide quedar instalados en nuestras comodidades o categorías, así como hace referencia a ese *Él* trascendente que nos abre más allá de nosotros mismos, hacia horizontes cuya lejanía se alcanza en la hondura de uno, del otro y de las cosas, ya que todo está habitado por una Presencia que se hace transparente en la medida en que se da la apertura de corazón.

El reto que nos plantea la situación actual del mundo es que esta apertura en tres tiempos no se refiera solo al yo individual, sino también al colectivo. La autorreferencia de todo grupo —ya sea cultural, político o religioso— está llamada a abrirse al *tú* de los demás grupos y al Todo que es constituido entre todos. Las religiones tienen más que nunca la tarea de capacitar a los humanos a abrirse al diferente, a ese *otro* de nosotros, en camino hacia un Todo que lleve a la superación de las identidades armadas para dejar paso a las identidades relacionales.

3 LA APORTACIÓN DE LAS RELIGIONES OCEÁNICAS

Si el acento de las religiones proféticas está puesto en la interpelación de la necesidad del otro, en las tradiciones orientales la fuente de la ética proviene de la eliminación del deseo autocentrado. Cada vez que decimos *yo* o *mío* estamos provocando una forma u otra de violencia. El *yo* se refiere a la identidad, lo *mío* a la posesividad. Este instinto afecta a las relaciones con las cosas, las personas, las ideas y las creencias. Esta guerra contra uno mismo se convierte en *ahimsa* ('no-violencia') en las religiones orientales. Dicho de otro modo, si el *yihad* representa el polo activo y masculino, propio de las religiones semíticas y teístas (judaísmo, cristianismo e islam), la no-violencia (*ahimsa*) representa el polo complementario, pasivo y femenino, que se sitúa ante el conflicto no enfrentándose directamente, sino asumiéndolo hasta llegar a transformarlo. En la Bhagavad Gita se lee:

> Haz tu trabajo en la paz de la contemplación y, libre de los deseos egoístas, no te conmuevas con el éxito o el fracaso. La contemplación supone la ecuanimidad de la mente, una paz que permanece sin alterarse. Cuando un hombre renuncia a todos los deseos que vienen del corazón y encuentra la alegría de lo divino, en verdad su alma ha encontrado la paz. Aquel cuya mente no se conmueve por la aflicción y no siente deseo por los placeres, está más allá de la pasión, del miedo y de la ira, y se convierte en un sabio de mente resuelta y lúcida.
>
> Bhagavad Gita 2,55-56

Este estado no lleva en absoluto a la pasividad. La ética buddhista está basada en la compasión (*karuna*), que comporta la atención a la necesidad de los otros. Escribe Thich Nhat Hanh:

> Al exponer el *dharma* en la última dimensión
> nos miramos mutuamente y sonreímos.
> Tú eres yo, ¿no lo ves?
> Hablar y escuchar es la misma cosa.[9]

---

9. Thich NHAT HANH, *Llamadme por mis verdaderos nombres*, La Llave, Vitoria, 2001, p. 206.

No estamos ante meras palabras. Descubrir que todo es uno mismo implica respetar a todos los seres, incluso al enemigo, tal como ha testimoniado el Dalai Lama con su actitud hacia los invasores chinos. Sin dejar de denunciar la usurpación de su país, nunca los ha insultado o despreciado. Solo así es posible recomenzar una y otra vez las relaciones entre los humanos.

> Tal como lo plantea la tradición buddhista, la práctica deliberada de la compasión puede inducir un cambio radical de la relación que las personas establecen con el mundo, favoreciendo una mayor empatía hacia los demás, lo que repercute en la sociedad.[10]

Entre nuestros contemporáneos, quizás la figura más emblemática de esta compasión no-violenta sea Gandhi. Su ideal igualitario y pacifista es inconcebible sin una atención muy exigente sobre sí mismo. De ahí nació una lucidez que se hizo presente en muchos momentos a lo largo de su vida, no solo en el enfrentamiento contra los ingleses, sino en un terreno aún más delicado, como fueron las relaciones entre los mismos indios, entre hindúes y musulmanes. Hay que recordar que la India fue conquistada por los musulmanes durante la alta Edad Media. Durante seis siglos, la aristocracia musulmana fue la clase dirigente, y el islam, la religión de los dominadores. Pero, al mismo tiempo, el islam se convertía en una religión liberadora para los más pobres, porque anulaba el sistema de castas y los intocables dejaban de ser los excluidos de la sociedad al ser incorporados a la *ummah*, la fraternidad

---

10. Dalai Lama, *Mi biografía espiritual*, Planeta, Barcelona, 2010, pp. 145-146.

islámica. Poco antes de la independencia, en los suburbios de Calcuta se produjo un enfrentamiento sangriento entre los vecinos de ambas comunidades, provocando una espiral de violencia cada vez más imparable. Gandhi se instaló en uno de los barrios más devastados y se declaró en huelga de hambre hasta que dejara de derramarse más sangre. Los enfrentamientos continuaron durante más de tres semanas y la vida de Gandhi se extenuaba. Finalmente, todas las bandas depusieron las armas. Gandhi quiso recibir a los dirigentes. A medida que iban pasando, uno de los líderes hindúes se lanzó a los pies de su camastro llorando desconsoladamente. Balbuceó que le abrumaba el odio y la tristeza que sentía: unos musulmanes habían matado a su único hijo, y él, enloquecido, desde entonces no había dejado de matar familias enteras de musulmanes. Gandhi se quedó mirándole en silencio. Después le dijo: «Si quieres encontrar la paz, cuando salgas a la calle busca a un niño musulmán que haya quedado huérfano. Llévatelo a casa, acógelo, ámalo y críalo como si fuera tu hijo, pero no dejes de educarlo como a un musulmán.»

Necesitamos el encuentro de las tradiciones monoteístas con las oceánicas. Aunque aparentemente parece que el principio de personalización y el principio de oceanización transiten por caminos opuestos que vayan a potenciar valores contradictorios, comparten la misma radicalidad ante la sacralidad del otro. Las primeras favorecen el desarrollo de la conciencia individual mediante la denuncia profética, mientras que las segundas favorecen el descentramiento egoico mediante técnicas de meditación. Los estados transpersonales a los que conducen son resultado de un trabajo interior que no lleva a la desintegración del yo, sino a su unificación en un ámbito superior y más englobante, donde uno siente que forma parte de un Todo en el que el yo ya no es la referencia decisiva. De allí nacen sabiduría y compasión. Sabiduría porque se tiene otra perspectiva distinta de la mirada corta y autocentrada del yo; compasión porque se despierta una nueva ternura hacia todo y hacia todos.

4 LA CONTRIBUCIÓN DE LA TRADICIÓN LAICA

En la conspiración de sabidurías hemos de contar también con la aportación de las corrientes humanistas no religiosas. Habría que comenzar mencionando escuelas de la antigüedad como el estoicismo, el cual transmitió una gran sensibilidad ética a su generación al creer en la igualdad fundamental del género humano. En China, la tradición humanista se encuentra en el confucionismo. Lo humano y la virtud se identifican en un mismo movimiento de autoconciencia y de donación. *Ren* significa al mismo tiempo 'ser humano' y 'solidaridad' o 'bondad'. Confucio convirtió este término en el ideal de conducta y en su filosofía pasó a significar 'virtud'. Si *ren* indica el 'ser humano', tener *ren* implica tratar a los demás como a seres humanos (Analectas XII,2). Consciente de la radicalidad de esta exigencia, un discípulo se acercó a Confucio diciéndole: «Lo que no quiero que los otros me inflijan procuro no infligirlo a los demás.» A lo que el Maestro respondió: «Me temo que todavía no llegas a esto.» (Analectas V,12) Es sabio el que siempre ve un mayor horizonte por alcanzar.

Pero donde el pensamiento laical explícitamente no religioso encuentra su mayor expresión es en la modernidad occidental. Al dejar de dirigir su mirada hacia el cielo se ha concentrado en velar por las condiciones concretas de la vida, depositando un legado de sensibilidad y reivindicación humanista. André Comte-Sponville reclama el aspecto claramente laico, no-religioso, de la posición secularista:

> ¿Religión del hombre? Desde luego que no. ¡Qué pobre dios resultaría! El humanismo no es una religión, es una moral (que incluye también nuestros deberes con respecto a otras especies animales). El hombre no es nuestro dios, es nuestro prójimo.[11]

En el lento avance de la conciencia ética de la humanidad, la voz laica ha sido a menudo más valiente y más lúcida que la oficialmente religiosa en denunciar y luchar por todo lo que quedaba por avanzar. El lema de «libertad, igualdad y fraternidad» de la Revolución Francesa surgió al margen de la religión oficial de la época y en oposición a ella. Con todo, la Declaración de los Derechos Humanos de 1789 proclamada por la Asamblea Constituyente se inspiraba en la Declaración de Independencia de los Estados Unidos de América de 1776, la cual tiene una clara inspiración religiosa. Ambos documentos están en el trasfondo de la Declaración Universal de Derechos Humanos aprobada y proclamada por las Naciones Unidas el 10 de diciembre de 1948, la cual marcó un hito en la conciencia ética y espiritual del planeta. Los dos primeros artículos ponen las bases de una nueva era:

> Todos los seres humanos nacen libres e iguales en dignidad y derechos y, dotados como están de razón y conciencia, deben comportarse fraternalmente los unos con los otros.

---

11. André COMTE-SPONVILLE, *El alma del ateísmo. Introducción a una espiritualidad sin Dios*, Paidós, Barcelona, 2006, p. 130.

Toda persona tiene todos los derechos y libertades proclamados en esta Declaración, sin distinción alguna de raza, color, sexo, idioma, religión, opinión política o de cualquier otra índole, origen nacional o social, posición económica, nacimiento o cualquier otra condición.

Nunca se había afirmado con tanta claridad y contundencia esta igualdad de la especie humana. Necesitamos conspirar con lo mejor de las tradiciones de la tierra para ir afinando el código ético de la humanidad. Largo y penoso fue, por ejemplo, el proceso de deslegitimación de la esclavitud. La primera declaración de abolición no se proclamó en Europa hasta el 1794, en Francia, bajo el régimen jacobino. De nuevo, no por estancias religiosas sino por iniciativa laica. En la España peninsular no se abolió hasta 1837, y en Cuba, hasta 1886. En los Estados Unidos la libertad de los esclavos se proclamó en el año 1865, siguiendo un proceso significativo por parte del presidente Abraham Lincoln: cuanto más apostaba por la abolición, más religioso se hacía. Oficialmente, la Sociedad de las Naciones no abolió la esclavitud hasta 1926. El progreso ético está todavía en gestación en todas las culturas y la aportación de las religiones consiste en impulsarlo, en la medida en que saben que la vida es un don permanente que crece a medida que se entrega. Sin embargo, con frecuencia, las instituciones religiosas se han mostrado las más reticentes y morosas a estos avances; no sus fundadores, que fueron transgresores de las inercias sociales de su tiempo, pero sí las instituciones que luego surgieron.

La laicidad defiende la sacralidad de la inmanencia. El error del laicismo es convertirse en un nuevo absolutismo que acaba negando lo que trata de defender —la igualdad y la libertad— al no aceptar la aportación de las religiones en el espacio social público. La *hybris* antirreligiosa de los estados marxistas cayó en lo mismo que querían combatir al exterminar a los que pensaban de modo diferente que ellos. Sus inquisidores no fueron mejores que los de los estados teocráticos. El gran reto de los humanos es ser capaces de caminar con los que piensan de un modo distinto al nuestro y construir juntos el proyecto humano. El primer principio ético es el valor inalienable del otro. Se trata de llegar a acoger la verdad que contiene lo que el otro afirma y completar lo que le falta en lugar de negarle su derecho para quedarse con la parcialidad de lo propio.

Nuestra esperanza es que al igual que hoy nos escandalizamos de las desigualdades legales de los siglos pasados, en los siglos futuros se escandalicen de las desigualdades reales de nuestro tiempo, en el que una décima parte de la humanidad vive a costa de la pobreza de nueve décimas partes. Tomar conciencia de ello es una experiencia religiosa, en cuanto que nos religa y nos vincula más hondamente con los demás humanos. Pierre Teilhard de Chardin advertía de que ser hijos del cielo no nos exiliara de ser hijos de la tierra.[12] No en vano Hans Küng ha trabajado en las últimas décadas por llegar a consensuar un proyecto de ética mundial que esté avalado por todas las tradiciones religiosas.[13]

Interioridad y solidaridad son la sístole y la diástole del latir humano completo. Cuanto más honda es la interioridad, más amplia es la solidaridad, y viceversa, ya que están

---

12. *Cf.* Pierre TEILHARD DE CHARDIN, «La divinización de las actividades», en *El medio divino. Ensayo de vida interior*, Taurus-Alianza, Madrid, 2005.

13. *Cf.* Hans KÜNG, *Proyecto de una ética mundial*, Trotta, Madrid, 2006.

llamadas a recibir fuerza la una de la otra. El Dalai Lama ha expresado con frecuencia esta convicción:

> Transformar la mente: ese es mi concepto de la espiritualidad. Ahora bien, la mejor manera de transformarla es acostumbrarla a pensar de manera más altruista. Por eso, la ética es la base de la espiritualidad laica para todos, sin limitarse al grupo de creyentes de una u otra religión. En este sentido, yo no preconizo una revolución religiosa sino una reorientación ética de nuestra actitud, puesto que se trata de aprender a tener en cuenta las aspiraciones de los demás como si fueran las nuestras.[14]

Llegar a reconocer que el otro es nuestro próximo y también el que está lejano y que somos corresponsables unos de otros implica un gran avance en la conciencia humana. Supone el respeto por su existencia, la cual pone límites a mi voracidad, contención que nace del reconocimiento de que el otro está habitado por el misterio de su otreidad. Las religiones, desactivadas ellas mismas del instinto de apropiación, pueden pacificar el corazón humano y ofrecer una mirada que supere los intereses particulares, una perspectiva universal más allá de la pequeña privacidad. Disponen de la capacidad contemplativa que permite pasar del reino de la necesidad al reino de la gratuidad. Al pacificar la mirada desde una perspectiva más amplia, pueden otorgar la lucidez para emprender la acción justa.

Apelamos de nuevo a este tiempo de síntesis: la interioridad sin solidaridad no resulta creíble, tal como han denunciado los maestros de la sospecha; y, por otro lado, la historia se ha encargado de enseñarnos que una igualdad sin interioridad

---

14. DALAI LAMA, *Mi biografía espiritual*, p. 124.

crea hombres y sociedades planas, chapas de acero en colonias de hormigón privadas de alma, ya sea bajo la forma del totalitarismo comunista como del consumismo neoliberal.

5 CELEBRAR LA FRATERNIDAD

Cada tradición tiene unos rituales para regenerar los vínculos de la comunidad, sanar sus heridas y celebrar la reconciliación. Pero hoy no basta con esto. Si las religiones quieren servir al tiempo presente y futuro de la humanidad deben ir más allá de sus círculos cerrados y esforzarse en promover plataformas que posibiliten reforzar la fraternidad universal con textos (sabiduría) y rituales (energía) interconfesionales. Por otra parte, todas las sociedades disponen, de un modo u otro, de tiempos y espacios donde se producen estados fusionales masivos que, por su carácter catártico, tienen efectos terapéuticos, tanto en los individuos como en las comunidades. Antaño estas ceremonias se situaban en un marco sagrado. Cada vez más se han ido desplazando al ámbito de lo secular o profano: las competiciones deportivas, el mundo del espectáculo... Es importante atender al tipo de energía que liberan tales estados colectivos, porque tanto pueden favorecer experiencias sanas y religantes como pueden despersonalizar y ser pasto de manipulaciones. Los dictadores de todos los tiempos han sabido cómo provocar estados fusionales para apoderarse de la energía de las masas.

Las tradiciones religiosas junto con las seculares tienen que esforzarse por descubrir rituales comunes en los que co-inspirar, sin que por ello haya que dejar las prácticas específicas de cada tradición. Todo lo que promueva el conocimiento de los demás y la celebración de este reconocimiento contribuirá al proceso de personalización que es necesario para contrarrestar la tendencia a la masificación y despersonalización de la Aldea global, donde se fomentan los tópicos y las demonizaciones de los colectivos que desconocemos.

XI

VÍA ECOLÓGICA: LA SACRALIDAD DE LA TIERRA Y EL CULTIVO DE LA SOBRIEDAD

La tierra te oye.
El cielo y la montaña te ven.
Si crees esto, llegarás a la ancianidad.
ANÓNIMO INDÍGENA AMERICANO

INTERIORIDAD, SOLIDARIDAD y sobriedad van de la mano. Solo ejercitando la capacidad de contención se puede abrir un espacio interno para el recogimiento y un espacio exterior para la solidaridad y para el respeto por la tierra. Lo común a toda experiencia humana profunda es reverenciar el don de la vida y tomar conciencia de que la vida no nos pertenece, sino que somos nosotros los que pertenecemos a ella. Cuanto más vivo se está, más sagrada se percibe la vida. Cuando no la respetamos, es que nosotros mismos estamos muertos. Redescubrir la forma sagrada de relacionarnos con la naturaleza: esto es lo que necesitamos urgentemente.

1   LA TIERRA COMO ALTERIDAD

Si los seres humanos son *los otros*, la tierra es *lo otro*. Se trata de una alteridad diferente a la humana ya que nos constituye sustancialmente en tanto que somos corporeidad. Nuestro cuerpo es tierra, procede de ella y a ella vuelve. Lo que nos permite desidentificarnos de nuestra corporeidad y de la naturaleza es la conciencia egoica, que nos hace pasar de sentir que *somos* cuerpo a decir «tengo un cuerpo», lo cual hace que nos percibamos diferentes de nuestro entorno natural. La conciencia del yo introduce la dualidad.

Lo que la mente es al cuerpo lo son las culturas respecto a la tierra. Cada cultura configura una manera de relacionarse con ella, un modo de moldear la naturaleza, de la misma manera que cada yo consciente se relaciona con su cuerpo. Lo propio del ser humano es disponer de la libertad que la conciencia nos otorga, de modo que somos responsables de aquello que hacemos con nosotros mismos, con los demás y con la tierra. La mente, al introducir esa distancia con los demás y con la naturaleza, puede convertirnos en seres hostiles al medio o bien puede disponernos a servir a la naturaleza con agradecimiento y veneración.

2   LAS EDADES DE LA TIERRA

La aparición de la conciencia humana es reciente en el planeta. Si comparamos la edad de la Tierra (4 500 millones de años) con una jornada de veinticuatro horas, podemos establecer las siguientes correspondencias:

a La vida aparece hacia las cinco de la mañana (hace unos 3 700 millones de años). Hasta entonces solo había una mezcla inhóspita de gases (hidrógeno, metano, amoníaco, vapor de agua y gas carbónico) en combinaciones inertes.

b A partir de las cinco de la mañana se produce algo insólito: las moléculas más complejas (los aminoácidos) no solo se agrupan con otros átomos para formar estructuras complejas, sino que empiezan a autorreproducirse. Es el alba de la vida. Poco a poco, a lo largo de millones de años, estas moléculas vivas se van complejizando, distinguiendo un dentro de un fuera de sí mismas, lo que será el origen de la conciencia.

c Hasta las ocho de la noche (hace unos 750 millones de años) no aparecen los primeros moluscos. A partir de entonces se producen tres desarrollos fundamentales: el sistema inmunitario, que asegura protección contra parásitos o virus; el sistema hormonal, que permite el control de los ritmos biológicos y de la reproducción sexuada; y el sistema nervioso, que rige la comunicación. Todo ello permite la explosión de las especies.

d Los dinosaurios aparecen a las diez y media de la noche y viven hasta las doce menos veinte (entre 300 millones y 65 millones de años atrás). Desaparecen debido a la caída de un gran meteorito cuyo choque con la tierra provoca una nube de polvo que, al no dejar pasar los rayos de sol, produce un enfriamiento en todo el planeta que causa su muerte. Gracias a ello, pueden sobrevivir de su depredación unos pequeños mamíferos que se disputaban el mismo terreno, nuestros remotos antepasados.

- *e* Nuestros antepasados más recientes, los homínidos, aparecen en el último minuto (hace unos 4 millones de años) en las sabanas de África oriental.
- *f* En el antepenúltimo segundo (200 000 años atrás) la Tierra da a luz al primer *homo sapiens*, en el origen del Paleolítico.
- *g* La revolución industrial se corresponde con la última centésima de segundo. Solo desde entonces hemos empezado a ser una amenaza para el planeta.

Algunos analistas han llegado a decir que la especie humana es un cáncer que le ha salido a la tierra. Lo propio de las células cancerígenas es su crecimiento incontrolado, que devora al mismo organismo que las ha creado. El antropocentrismo nos ha aislado de Gaia. Con la aparición de nuestra conciencia egocéntrica, nos hemos separado de los demás seres vivos hasta el punto de habernos convertido en su más temible amenaza.

3 EL EXILIO DEL AISLAMIENTO

Lo que caracteriza a la mente es su capacidad de distinguir los diversos planos y dimensiones que constituyen el todo. El avance y progreso de la humanidad se debe precisamente a esta capacidad de discriminación y de relación de elementos, pero con el riesgo de haber desintegrado su armonía a causa de la avidez con la que nos relacionamos con ellos. El desarrollo de nuestra conciencia agitada y desintegrada nos separa de la naturaleza de la que creemos distinguirnos. Hoy corremos alarmantemente el peligro de destruir la misma vida que nos ha sido dada para poder dar a luz a la conciencia humana.

Urge el retorno a una comunión cósmica. Ahora bien, este retorno a la tierra no puede ser regresivo, sino progresivo. Se trata de descubrir aquella *segunda inocencia* que no tiene nada que ver con la ingenuidad. La ingenuidad es una fase inmadura, ya que elimina los elementos complejos y conflictivos de la realidad. Al no tenerlos en cuenta, tropieza con ellos. La inocencia, en cambio, siendo plenamente consciente de las fuerzas que hay en juego, avanza entregándose y sin dañar, con una amable pero indómita esperanza de que las cosas puedan ser de otro modo. Hemos de recuperar la comunión cósmica de las religiones aborígenes, pero sin abandonar las aportaciones de nuestra cultura, gracias a la cual se han producido avances en la civilización humana, como es el aumento de la esperanza de vida, la intercomunicación planetaria, el desarrollo de la ciencia y de la técnica por medio del conocimiento de las fuerzas que bloqueaban la capacidad de transformación y de imaginación.

Sin embargo, hemos llegado a todo ello a costa de haber aislado nuestro ser individual de las demás criaturas. Al habernos convertido en la medida de todas las cosas, nos consideramos con el derecho de decidir sobre el planeta, sin darnos cuenta de que formamos parte de su ecosistema. Nos consideramos la especie *sapiens sapiens*, esto es, no solo que sabemos cosas, sino que sabemos que las sabemos, pero olvidamos que también somos *ignorans ignorans*, ignorantes de aquello que ignoramos. El depósito espiritual de las diversas tradiciones nos puede librar de esta ignorancia al recordarnos lo que nos queda por recorrer hasta el Ser total, en comunión y religación con los demás seres.

La dimensión religiosa nos devuelve el sentido sagrado de la vida, abriéndonos a un estado de reverencia y de agradecimiento, permitiéndonos percibir que formamos parte de un todo más vasto y de una realidad más honda que nuestra existencia separada. En griego existen dos palabras para decir *vida*: *biós* y *zoé*. *Biós* es una de las formas posibles de la vida integral. Ha sido creada a partir de la diversificación de las especies y de la individuación de miembros en el interior de cada especie. *Bios* está en el reino de la individualidad y de la diversidad. *Zoé* es la vida que nos atraviesa a todos. Nuestra singularidad biológica es solo una de las posibles manifestaciones de *zoé*. En sus fases más inmaduras, nuestro pequeño yo se aferra a la vida a costa de exterminar otras formas de existencia. Crecer en conciencia significa percibir que todos participamos de la misma vida (*zoé*) que ha aparecido en la tierra y que trasciende al mismo planeta. Cuando quedamos reducidos a nuestra dimensión *biológica* individual, solo luchamos por nuestra supervivencia —personal o grupal, que no es más que la extensión de nuestro ego—, olvidando que nuestra existencia individual y de especie participa de una realidad y de un don mucho mayores que proceden de un fondo multiforme, transtemporal e infinito, cuyas manifestaciones estamos llamados a venerar, cuidar y servir, en lugar de poseer, dominar o someter.

Urge abandonar el individualismo positivista en el que cada ser reclama su autonomía sin reconocer sus vínculos con los demás seres, y entrar en la ecología del ser que permite beber de la común fuente que está en el origen de toda criatura. Al compartir el origen, compartimos la hermandad cósmica. Tal es el horizonte que proponen todas las religiones y también los movimientos ecológicos laicos.

Juntos hemos de buscar sus traducciones éticas y ecológicas concretas.

En el año 2000 la ONU proclamó la Carta de la Tierra. En ella se recogen dieciséis principios para velar por la preservación de nuestro planeta. El documento hace caer en la cuenta de la interdependencia de todos los factores que están en juego. Está distribuido en cuatro apartados, con cuatro artículos para cada uno. Comienza con la toma de conciencia de la interdependencia de todas las formas de vida; prosigue con los compromisos ecológicos para después ponerlos en relación con la justicia social y económica; concluye con el compromiso por la paz y la no-violencia, lo cual incluye el trato de los animales. En el prólogo se dice: «Debemos darnos cuenta de que una vez satisfechas las necesidades básicas, el desarrollo humano se refiere primordialmente a ser más, no a tener más.» Y en el párrafo conclusivo se lee: «Nunca como antes en la historia, el destino común nos hace una llamada a buscar un nuevo comienzo.» La idea de *un nuevo comienzo* está también implícita en términos como *ecosofía* (Raimon Panikkar),[1] *ecopsicología* (Theodore Roszak)[2] o *ecoespiritualidad* (Leonardo Boff).[3] Los tres neologismos son exponentes de un modo de comprender la ecología no como una mera estrategia de supervivencia sino como un modo diverso de relacionarse con ella: no desde la razón calculadora y controladora sino comulgante. Ello coincide con el planteamiento que hacen algunos autores sobre la actual

---

[1]. *Cf.* Raimon Panikkar, *Ecosofía*, San Pablo, Madrid, 1994.
[2]. *Cf.* Theodore Roszak, *The voice of the earth,* Simon & Schuster, Nueva York, 1992.
[3]. *Cf.* Leonardo Boff, *Ecología*, Trotta, Madrid, 1996; Idem, *El cuidado esencial*, Trotta, Madrid, 2002.

situación económica, en cuanto la conciben como un ritual de paso: o bien quedamos colapsados en un modelo adolescente, agresivo y depredador, o bien damos paso a un mundo postmaterialista adulto y maduro, que sabe gestionar sus necesidades, deseos y valores.[4]

Lo que determina una actitud u otra depende de cómo nos las habemos con el deseo, que surge en ese espacio que se abre entre nosotros y el mundo.

4 EL DESEO COMO CONSECUENCIA DE LA DUALIDAD Y LA DUALIDAD COMO CONSECUENCIA DEL DESEO

La distancia que crea la conciencia de un yo separado de los demás y de las cosas abre un vacío, y ese vacío engendra el deseo. La carencia es constitutiva del ser humano. Somos seres de necesidades. Lo que distingue la necesidad del deseo es que este pasa por la conciencia. De aquí que el deseo, tanto como la conciencia, sean plena y específicamente humanos. En este sentido, nos deberíamos definir no solo como especie *sapiens sapiens* sino también como especie *desiderans desiderans*, esto es, constitutivamente «deseantes», como criaturas atravesadas por un dinamismo de búsqueda y de transformación permanentes para satisfacer esa carencia radical que la conciencia introduce en nuestra percepción del mundo.

Somos animales de deseos insaciables. Existe en nosotros una permanente insatisfacción, lo cual nos hace transformar la realidad, pero con el riesgo de violentarla continuamente.

---

4. *Cf.* Jordi PIGEM, *Buena crisis*, Kairós, Barcelona, 2009.

Los deseos nos hacen anticipadores de futuros, pero con el peligro de alienarnos del presente. El deseo acentúa la dualidad abierta por la mente entre nosotros y las cosas. Somos polvo con conciencia, y nuestra autoconciencia, conducida por el deseo egoico, puede ser voraz y devastadora, o bien admirativa y contenida, capaz de co-crear.

En el relato bíblico de los orígenes se nos dice que fue la voracidad la que desintegró el paraíso. Frente a la comunión cosmoteándrica basada en la reciprocidad, se desató la *hybris* de una avidez insaciable. La tentación del endiosamiento —«seréis como Dios» (Gn 3,5)— representa la exaltación del ego deseante que convierte la reciprocidad en voracidad. Transgredidos los límites, en lugar de recibir con gratitud la existencia, se despierta la sospecha frente a todo aquel o aquello que quiera poner un freno al impulso voraz. El mito bíblico refleja nuestra incapacidad de aceptar las demarcaciones y de respetar lo ajeno. Lo que hasta entonces había sido concordia y reciprocidad se convierte en avidez y sospecha. Esos orígenes no son cronológicos, sino que están en la raíz de cada acto. El mito desplaza temporal y geográficamente lo que está en la génesis de cada acción. Al alejarlo de nosotros en forma de relato arquetípico podemos captarlo mejor. Tal es la función del mito: hacer una traslación de sentido de lo particular a lo universal y de lo universal a lo particular.

El problema no está en desear el fruto del árbol de la vida sino en arrebatarlo. Este arrebatamiento genera la dislocación y desintegración que nos hace vivir en el exilio. Un exilio que se difracta en tres direcciones: respecto del Ser último, que percibimos como un competidor de nuestros deseos y por ello hemos de ocultarnos o negarlo; respecto a las relaciones humanas, convertidas en mutuas acusaciones y sospechas entre nosotros: «yo no he sido, ha sido el otro»; y respecto de nuestra relación con la naturaleza, representada en la maldición sobre la serpiente y en el modo violento de relacionarnos con el resto de los animales. «Por haber comido del árbol prohibido, maldita sea la tierra por tu culpa.» (Gn 3,17) La maldición no es ningún castigo venido de fuera, sino una consecuencia intrínseca del desbordamiento del deseo. La desarmonía se ha introducido en la tierra porque no hemos sabido respetar los límites del otro ni de lo otro. Al no contener el impulso depredador continuamos tratando de arrancarle a la naturaleza lo que podemos. La técnica es la extensión de nuestros dedos con los que seguimos queriendo arrebatar el fruto al árbol de la vida. Es evidente que el problema no está en la técnica, como no lo está en los dedos, sino en el modo de utilizarlos.

5 DESAPRENDER LA VORACIDAD

Para reintegrarnos en la reciprocidad de la vida, para llegar a tener respeto, cuidado y veneración por todas las formas de existencia, tenemos que aprender a contener la voracidad, que es hija de dos fuerzas: *eros,* la pulsión de vida, que es fecunda y creativa pero que también puede ser agresiva y destructiva cuando es interrumpida; y *thanatos*, la pulsión de muerte que surge de la rabia ante el deseo frustrado. Cuando no lo satisfacemos nos volvemos agresivos. *Eros* también se convierte en *thanatos* por el camino opuesto: cuando nos saturamos hasta la saciedad se produce un hastío de muerte propio de las llamadas *sociedades del bienestar*. La muerte llega cuando ya no hay espacio para el anhelo, porque de tal manera es inmediatamente saciado que su dinamismo queda abortado antes de que aporte su impulso de trascendimiento.

Por el contrario, la contención nos convierte en seres no-violentos posibilitando la veneración del otro y de lo otro por lo que son, en vez de engullirlos en función de nuestra voracidad. Estamos ante un trabajo que hemos de hacer continuamente sobre nosotros mismos para que el potencial agresivo no esté al servicio de una pasión ciega, sino de respeto por toda forma de vida. Solo ordenando y canalizando estas pulsiones, en lugar de ser una amenaza para el planeta y los unos para con los otros, podremos ser posibilitadores de nuevos espacios y modos de existencia.

La diferencia entre depredar y comulgar está en la inversión de la dirección del deseo: en lugar de arrancar el fruto del árbol de la vida, abrir claros en la selva para plantar árboles que den ese fruto porque se han sabido preservar las semillas que contenía, en la percepción de una continua circularidad del recibir y el entregar. A lo largo de los siglos se ha producido una degradación en nuestra relación con la naturaleza: hemos pasado de considerarla primeramente como templo y ocasión de veneración a mero escenario de nuestra actuación, hasta llegar a convertirse en objeto de nuestra depredación.[5] Debemos tratar de rehacer el camino en dirección inversa y volver a habitar la tierra de forma sagrada.

Una de las tareas fundamentales de las religiones y tradiciones espirituales es adiestrarnos en una ascesis que nos haga capaces de reconvertir nuestras pulsiones devastadoras en energía de participación y de comunión. El Dalai Lama

---

5. *Cf.* PIGEM, *Buena crisis*, pp. 78-82.

ha lamentado reiteradamente que la obcecación humana esté devastando la tierra. Así lo expresó en un poema:

> El obstinado egocentrismo que impregna nuestras mentes
> desde un tiempo sin comienzo
> contamina, mancha y ensucia el medio ambiente [...].
> Las montañas eternamente nevadas, resplandecientes de gloria,
> se inclinan y hunden, convertidas en agua.
> Los océanos majestuosos desbordan sus reservas inmemoriales
> y sumergen las islas [...].
> No hay nada que lo vivo tenga en más estima
> que la propia vida.[6]

Las prácticas vegetarianas de bastantes tradiciones espirituales pretenden favorecer esta contención. Chatral Rimpoché, monje tibetano y uno de los apóstoles del vegetarianismo, declara:

> Los valores morales hacen que renunciemos a tomar todo aquello que no podemos ofrecer a los demás. No podemos dar la vida a nadie. Es un don que solo puede otorgar el Señor. Así pues, equivaldría a una desvergonzada arrogancia y a una atroz maldad por nuestra parte arrebatarle la vida a nadie. Creo firmemente que si las personas adoptasen el vegetarianismo por consenso universal, descendería sobre esta tierra una paz eterna y una felicidad inmanente, y el sufrimiento humano, en todas sus formas, sería cosa del pasado [...]. Los seres humanos experimentarían paz mental y contento en el corazón incluso al morir.[7]

---

6. Pronunciado en la Conferencia Internacional para la Responsabilidad Ecológica (Nueva Delhi, 2 de octubre de 1993), recogido en DALAI LAMA, *Mi biografía espiritual*, Planeta, Barcelona, 2010, pp. 170-178.

7. Chatral RIMPOCHÉ, *Acción compasiva*, Kairós, Barcelona, 2008, p. 60.

Su creciente sensibilidad por todos los seres le llevó en los últimos años de su vida a realizar anualmente un acto simbólico en el golfo de Bengala: devolver al mar setenta camionadas de peces que se habían conservado vivos para su posterior venta y consumo. Los devolvía al mar orando por cada uno.

Sin que todas las tradiciones espirituales opten por el vegetarianismo, todas ellas cultivan algún modo u otro de práctica de contención que pasa por la frugalidad, la austeridad y el ayuno, mostrando que el ser humano es más que sus necesidades. De algún modo nos remiten a la figura arquetípica del monje, *mónachos*, de *mónos*, 'uno', el que está unificado en lo esencial. Se trata de lo que Raimon Panikkar evocó como la «bienaventurada sencillez».[8] Un modo de vida que permite recuperar el equilibrio perdido entre lo que realmente necesitamos y lo que solo deseamos. Es paradigmática la figura de Gandhi hilando con una rueca el algodón de su propia ropa y haciendo ver que únicamente con dos *dhotis* se podía vivir en paz y feliz.[9] Desde otro lugar del planeta, Ignacio Ellacuría abogaba por una *cultura de la pobreza*, no como una maldición sino como la bendición de saber vivir con lo necesario.[10] En palabras del cantau-

---

8. Raimon PANIKKAR, *Elogio de la sencillez. El arquetipo universal del monje*, Verbo Divino, Estella, 1993.
9. Mahatma GANDHI, «La pobreza en el corazón de la abundancia», en *Todos los hombres son hermanos*, Sígueme, Salamanca, 1982.
10. *Cf.* FUNDACIÓ ALFONS COMÍN, *Premio Internacional Alfons Comín 1989 a la Universidad Centroamericana de San Salvador, José Simeón Cañas, y a su Rector, Ignacio Ellacuría*, colección Memòria, núm. 11, Barcelona, 1989. *Cf.* también José SOLS, *La teología histórica de Ignacio Ellacuría*, Trotta, Madrid, 1999, pp. 272-279.

tor argentino Facundo Cabral, «tener menos para tenerse más». Del mismo modo, dentro de los movimientos sociales y escuelas económicas existen corrientes que abogan por el *decrecimiento sostenible*. Uno de los que lidera actualmente este movimiento es el economista Serge Latouche, con la creación del Institut d'Études Économiques et Sociales pour la Décroissance Soutenable. Este aprendizaje no es sencillo porque la adicción al consumo tiene que ver con la separación que hemos creado con respecto a nuestro entorno natural. La concepción aislacionista del ser humano es la causa de nuestra voracidad, que trata de compensar la angustia de la separación. Todo ello tiene también que ver con la compulsión por el trabajo. Acción y consumo están interrelacionados. Nuestra violencia a la tierra no es solo por lo que extraemos de ella sino por cómo nos comportamos con ella.

6 CAMINAR DE FORMA SAGRADA

Necesitamos aprender del trato que tienen las tradiciones indígenas con la Madre Tierra. Necesitamos con urgencia su sabiduría para reequilibrar nuestra relación con la naturaleza y aprender a venerarla. Abrumados ante nuestra pobreza de recursos espirituales y desvalidos ante nuestra propia depredación, nos acercamos a ellas para aprender. Resuenan como nunca las palabras enviadas por Seattle, el jefe de los duwamish, a Ulysses Grant, presidente de los Estados Unidos de América, en 1855, en una célebre carta que conserva su sabor original y visión profética:

> El Gran Jefe de Washington mandó decir que desea comprar nuestra tierra [...]. ¿Cómo puedes comprar o vender el cielo o el calor de la tierra? Tal idea nos es extraña. Si no somos dueños de la pureza del aire o del esplendor del agua, ¿cómo entonces puedes comprarlos? Cada terrón de esta tierra es sagrado para mi pueblo. Cada hoja reluciente del pino, cada playa arenosa, cada velo de neblina en el bosque oscuro, cada insecto que zumba son sagrados en las tradiciones y en la conciencia de mi pueblo. La savia que circula por los árboles lleva consigo los recuerdos del hombre rojo [...].[11]

Las tradiciones aborígenes han desarrollado un alto sentido del vínculo del ser humano con la naturaleza. Sienten que forman parte de una totalidad que no les pertenece, sino a la que pertenecen. Su mundo gira en torno al rito, el cual tiene un carácter sacrificial. El aborigen es consciente de que vivimos a costa de otros seres. No hay vida sin muerte. Pero esta muerte se puede celebrar porque posibilita la vida de otras criaturas. La ritualización implica un intercambio continuo, hecho de veneración y de agradecimiento por lo que muere para que lo demás viva. La conciencia de esta pertenencia cósmica hace que se sientan parte del tejido de ese todo. No hay nada que se tome del entorno que antes no se haya pedido y que no se agradezca después. La ritualización favorece la concienciación y permite la celebración de este tomar y de este dar. El deseo queda así regulado por la reciprocidad del intercambio y por una experiencia de comunión que calma la angustia del vacío y de la separación. El individuo y la comunidad humana quedan integrados en una totalidad que

---

11. Texto completo citado en Washinton ARAÚJO, *Estamos desapareciendo de la tierra*, Editorial Bahá'í de España, Terrassa, 1994, pp. 66-73. Algunos afirman que esta carta ha sido retocada y embellecida posteriormente.

los incluye y los trasciende. La dualidad queda superada por la relación, no solo entre los humanos sino con un entorno habitado de Presencia y de presencias, donde el hecho de percibirse separado es enfermedad y espejismo.

La tierra aparece como madre, la *Pachamama*, venerada como tal por todos los pueblos indoamericanos. Los indígenas captan sus fuerzas vivificantes. «Para nosotros, sentarse o echarse en el suelo significa que podremos pensar con más profundidad y sentir más intensamente», explicaba un indio lakota.[12]

Los árboles son también objeto de veneración, ya que son generadores de vida. Su verticalidad arraigada en la tierra y abierta de ramas al cielo es imagen del ser humano. Su robusta y pacífica estabilidad inspira a los que se cobijan en torno a ellos. En ciertos lugares de África existe un explícito vínculo entre el árbol y la placenta. Después del nacimiento, la placenta es enterrada en el huerto de la casa y sobre ella se planta un árbol que ha de ser frutal, no ornamental. Se establece un vínculo estructural entre el nacimiento, la placenta, el árbol y la tierra. Entre los quechua del altiplano boliviano, cuando se construye una casa se entierra en sus cimientos un feto de llama. La tierra es la matriz que acogerá a los habitantes de ese nuevo hogar, como también la placenta es hogar para la vida. Captar, cuidar y celebrar estas correspondencias forma parte de una sabiduría ancestral.

Todo ello convierte a los humanos en seres atentos a cada paso que dan sobre la tierra. En palabras de la tradición lakota:

---

12. Joseph BRUCHAC, *La sabiduría del indio americano. Antología,* Olañeta, Palma de Mallorca, 1997, p. 74.

> Cada paso que des en la tierra debe ser una plegaria.
> La fuerza de un alma pura y buena
> está en el corazón de cada persona
> y crecerá como una semilla
> cuando camines de forma sagrada.
> Y si cada paso que das es una plegaria,
> entonces caminarás siempre de forma sagrada.[13]

Encontramos una resonancia semejante en el Corán: «No camines sobre la tierra con arrogancia, no la desgarres ni trates de medirte con la altura de las montañas.» (17,37) La conversión ecológica significa esta capacidad de reverenciar la vida en cada una de sus manifestaciones. Es necesario que sepamos proponer modos colectivos de este caminar sagrado, de manera que afecte a los medios y estructuras de producción. Desconocemos las formas religiosas del futuro, pero en la medida que faciliten la actitud de veneración y de agradecimiento por el entorno que nos nutre, seguirán haciendo su función al religarnos con la tierra que nos gesta.

---

13. *Ibid.*, p. 80.

EPÍLOGO

XII

EL FUTURO DE LAS RELIGIONES

> *Ningún problema puede ser resuelto*
> *en el mismo nivel de conciencia*
> *en que se ha creado.*
> ALBERT EINSTEIN

> *La meta es una sola*
> *y la misma para todos.*
> RAMANA MAHARSHI

La complejidad de los tiempos presentes nos impulsa a un estado de conciencia y profundidad en el que todavía no nos hallamos. Ello supone superar el plano que conocemos para adentrarnos en un horizonte que puede ser intuido, pero todavía ignoto y que quedará siempre por conocer debido a la naturaleza misma de lo que está en juego. Ello supone perder seguridades en las que todos estamos de un modo u otro instalados y disponernos a nuevos ámbitos de realidad donde las actuales oposiciones pueden convertirse en integraciones.

Para comprender hacia dónde parece que nos encaminamos voy a presentar una serie de tríadas que confluyen en un mismo horizonte que se vislumbra ante nosotros.

I ETAPAS HACIA LA NO-DUALIDAD

Podemos reconocer tres etapas en el proceso de maduración de la experiencia religiosa que nos lleva hasta el umbral del momento presente.[1]

a Heteronomía

Heteros-nomos significa una norma, pauta o ley que viene dada desde fuera, de la que todo depende y que no puede ser cuestionada. Aparece con la creación de las grandes civilizaciones del segundo y primer milenio anteriores a nuestra era, donde la existencia de una autoridad política inaccesible y omniabarcante sirvió para vehicular la imagen de la divinidad. Se corresponde con el tiempo de la premodernidad. La trascendencia es afirmada en detrimento de la inmanencia; lo sagrado, a costa del menosprecio de lo profano, y Dios es considerado como el Ser supremo y omnipotente del que emanan todas las normas de comportamiento y fundamentos de sentido. El relato bíblico donde Yahveh transmite los diez mandamientos a Moisés en la cima del Sinaí (Ex 19,33-34) es la imagen arquetípica de esta concepción de lo divino y de las relaciones que el ser humano establece con él. La voluntad de Dios se comprende como un contenido concreto y específico que se revela y que hay que obedecer. En esta etapa,

---

[1]. Dos autores convergen en esta visión: Paul TILLICH, «Religión and secular culture», en *The protestant era*, The University of Chicago Press, Chicago, 1948, pp. 56-57, y Raimon PANIKKAR, *Mite, símbol, culte*, Fragmenta (Opera Omnia Raimon Panikkar, vol. IX.1), Barcelona, 2009, pp. 435-456.

la imagen de lo divino está muy mezclada con proyecciones antropomórficas. Por eso también lo podemos considerar un período mítico, donde predomina la emotividad y donde la función de las religiones es la de hacer de intermediaria entre el mundo finito y el mundo infinito.

b Autonomía

La modernidad nace como una reacción frente a la etapa anterior. Supone la exaltación de la inmanencia frente a la trascendencia, de lo profano frente a lo sagrado, y nace de la sospecha o la negación de un Dios personal. Es la rebelión ante la sumisión a una instancia exterior, invisible y opresiva. Frente al sometimiento, se reclama la emancipación del yo.[2] De ahí el nombre de autonomía: el *nomos* ('ley', 'pauta') de uno mismo (*auto*). Aparecen los tres maestros de la sospecha: Karl Marx denuncia la heteronomía como una legitimación de la explotación por parte de las clases dominantes; Friedrich Nietzsche la ve como una huida del riesgo de la libertad, y Sigmund Freud, como un mecanismo del subconsciente que proyecta en un ser superior la autoridad paterna y la necesidad de la protección materna.

Esta etapa se corresponde al paradigma racionalista en el que se tiene plena confianza en la mente calculadora, la cual, sin embargo, genera sus propios mitos. La ciencia toma

2. *Cf.* el ensayo de Mark C. Taylor, teólogo luterano norteamericano, discípulo de Paul Tillich, *After God*, The University of Chicago Press, Chicago, 2007. Este autor considera que el inicio de la modernidad viene dado por la postura de Lutero ante la insobornabilidad de la conciencia frente a la institución.

el relevo de la religión para dar seguridad a la vulnerabilidad del ser humano. El siglo XX mostró de una forma atroz los límites de esta autonomía. En nombre de un yo abandonado a sí mismo, creamos monstruos peores que los de la etapa anterior.

La posmodernidad nace de este desencanto ante las arbitrariedades de un ser humano que ha vaciado el cielo, pero que no ha sabido llenar su anhelo de sentido y de trascendencia. En este momento de nuestra civilización conviven dos tendencias: una concepción pesimista de nuestra autodeterminación, que se siente decepcionada y huérfana, y una mentalidad despreocupada, banal y entretenida en el consumo, donde el deseo se calma al mismo tiempo que se excita en la inmediatez de su saciarse, sin preguntarse ni por la calidad ni por la dirección de tal saciedad.

c Ontonomía

A pesar de estas innegables derivas, desde diversas instancias se percibe la emergencia de un nuevo paradigma que por unos es llamado *ontonomía*, 'el orden interno del ser', y por otros, *teonomía*, 'el orden interno de Dios', ya no concebido como un ser supremo y ajeno sino como la profundidad y consistencia últimas de todas las cosas. La purificación de las imágenes de Dios posibilitada por la generación de la sospecha ha puesto las bases para propiciar el reconocimiento de una Presencia en la más honda cercanía del alma y de las cosas. Así, podemos percibir atisbos de reconocimiento de la trascendencia en el corazón de la inmanencia, de lo sagrado en el corazón de lo profano, y vislumbres de un Dios transpersonal —pero no por ello impersonal o inaccesible sino íntimamente presente y cercano— en la ultimidad misma de nuestro ser y de todo lo que es.

Raimon Panikkar lo ha llamado *momento católico*, en el sentido etimológico del término, *kata holón*, 'según la totalidad', o también *cosmoteándrico*, como ya hemos mencionado repetidamente, en el cual se estarían integrando cada vez con mayor lucidez y claridad las tres dimensiones de la realidad en un todo mayor que hasta el momento la humanidad no había conocido. Este tercer momento (o *tiempo kairológico*) está precedido por otros dos: el *momento ecuménico*, en el que el hombre primitivo (o primordial) no tenía conciencia histórica y el centro lo ocupaba la naturaleza; y el *momento económico*, que se caracteriza por la conciencia histórica, en el que es el hombre quien ocupa el centro, así como su preocupación por el futuro y su ocupación por la producción de bienes. En este tercer momento que inauguramos se anuncia la conciencia transhistórica, que vive en el presente y descubre la secularidad sagrada de todas las cosas.[3] Se correspondería con aquella *segunda era axial* preconizada por Karl Jaspers de la que hacíamos mención en el primer capítulo, y también con el inicio de la *pneumatosfera* de la que hablaba Pierre Teilhard de Chardin.

En ciertos ambientes se habla de la *etapa transracional, transpersonal* o *transconsciente*, o también de la *no-dualidad*. En términos más conocidos, la podríamos identificar como la etapa mística, según la cual se abre un nuevo acceso a la realidad: ya no rige el mito (la exaltación de la emotividad

---

3. *Cf.* Raimon Panikkar, *La intuición cosmoteándrica. Las tres dimensiones de la realidad*, Trotta, Madrid, 1999.

y de la sensibilidad) ni el absolutismo de la razón o de la mente, sino que nace una mirada y percepción interiores que provienen de la capacidad de guardar silencio y escuchar la realidad. Las cosas se tornan umbral para una significación ulterior y se percibe la interconexión de todo.

2 CHAMANES, PROFETAS Y SABIOS

Desde otra perspectiva podemos identificar tres etapas en la madurez de las religiones, fases que también están en cada uno de nosotros: la chamánica, la sacerdotal y la de sabiduría.

a La etapa chamánica

Se corresponde con el momento fundacional e incandescente que identificamos en los comienzos de cada tradición. *Chamán* es un término que proviene de las tribus *tungu* nordasiáticas, que significa 'persona de conocimiento'. Se ha generalizado a las demás religiones aborígenes para referirse al que hace de mediador entre el mundo visible y el invisible. En las religiones teístas se corresponde con la figura del profeta. Es el momento ígneo y fundante de una tradición en el que la experiencia de lo sagrado se da en estado de incandescencia. Las palabras de fuego y los gestos brotan con una creatividad incontenible. En la visión del chamán, todo es sagrado. Lo propio del chamán —o del profeta— es tener el don y la audacia de moverse por los tres mundos —el físico, el supramundo de los dioses y el inframundo de los infiernos— y regresar de ellos trayendo conocimiento sanador y necesario para la comunidad. Viajando por alturas abismales vuelve con sabiduría a costa de arriesgar su vida y de no poder regresar o volver enajenado. En las religiones proféticas se corresponde con las figuras de Moisés, Elías y de todos los grandes profetas, como Muhámmad. También Jesús contiene los rasgos arquetipos del chamán. En el credo que todavía se recita en las celebraciones dominicales se dice que bajó del cielo, vivió en la tierra y descendió a los infiernos para rescatar a Adán y Eva. Jesús tuvo la fuerza de crear valores, palabras y gestos nuevos. Cambió el ritual de la pascua judía, diciendo: «Este pan soy yo, este vino soy yo que se entrega por vosotros.» Así daba un nuevo sentido a la tradición que conmemoraba la liberación de Egipto y generaba una nueva constelación de significados.

b La etapa sacerdotal

Este período se caracteriza por la contención y preservación del fuego primigenio, pero sin la creatividad primera, sino que se pretende lo contrario: la perpetuidad a base de la repetición. Se ritualizan unos actos y se canonizan unos textos para asegurar la correcta transmisión de la revelación original. Los rituales no buscan novedad sino la más estricta fidelidad a la etapa ígnea para poder mantener el fuego sagrado. Sacerdote (*sacra-dare*) significa precisamente 'el que ofrece u oficia lo sagrado'. Es el tiempo de la creación de las jerarquías, que son las encargadas y responsables de la transmisión y de la correcta interpretación de las escrituras, esto es, de las palabras y gestos primordiales. Las demás tradiciones se ven como oponentes de la propia visión del mundo. Se establece una neta separación entre lo sagrado y lo profano, lo cual queda también reflejado en la distinción entre un grupo minoritario —el clero— que hace de intérprete e intermediario de la tradición, y una mayoría —los laicos— que lo acata y lo recibe. En esta etapa se consolida la identidad del grupo, que tiende a ser exclusivista para asegurar la verdad del propio camino.

c La etapa de la sabiduría

Este tercer momento adviene lentamente, como resultado de la sedimentación de la etapa anterior y también como su contestación y superación. La escisión entre lo sagrado y lo profano se disuelve. La mirada sabia sabe descubrir lo sagrado en el corazón de lo secular, pero ya no oponiéndolo a lo profano. La sabiduría no conoce las delimitaciones de la mentalidad sacerdotal y tampoco se identifica con un estamento, rol o estatus separado, sino que se trata de una actitud que está disponible para todos y es accesible a todos. Para la mirada sabia, todo espacio y todo tiempo es oportuno para percibir la Presencia que subyace a todo. Por ello el arquetipo del sabio no reconoce las demarcaciones confesionales, sino que sabe descubrir en los distintos credos la validez que contienen, a la vez que se mueve con libertad —no con arbitrariedad— entre los diversos códigos. La diferencia entre libertad y arbitrariedad radica en no regirse por las apetencias autocentradas y cambiantes del ego, sino por la percepción de lo que conviene en cada momento para abrirse y entregarse a mayor realidad.

3 LA INSEPARABILIDAD ENTRE EL CONOCEDOR Y LO CONOCIDO, ENTRE EL CREYENTE Y LO CREÍDO

Otro de los rasgos del momento presente es la toma de conciencia de que nuestra captación de la realidad está radicalmente condicionada por el modo y ángulo por los que accedemos a ella. Es inseparable la manifestación del receptáculo que la percibe. Sin quedar reducidos recíprocamente, el sujeto que conoce y el objeto conocido están intrínsecamente vinculados, de modo que el acceso al objeto está determinado por las condiciones del sujeto que capta el objeto.

Ello no lleva a la negación de la consistencia de lo real, sino a hacerse conscientes de esta relación intrínseca que existe entre el observador y lo observado. De un modo concreto y verificable ha sido comprobado en la física cuántica. Einstein fue el primero en decir que los fotones, las unidades mínimas de la luz, son partículas y ondas al mismo tiempo. Se comportan como ondas en fenómenos como la refracción, que tiene lugar en una lente o en la cancelación por interferencia destructiva de ondas reflejadas; se comportan como partículas cuando interaccionan con la materia para transferir una cantidad fija de energía. Posteriormente se comprobó que este doble comportamiento sucede en toda la materia subatómica, fenómeno que se conoce como *dualidad onda-partícula*. Bajo ciertas condiciones experimentales, los objetos microscópicos —los *quantos*, ya sean átomos o electrones— exhiben un comportamiento como ondas, y bajo otras condiciones tienen un comportamiento corpuscular como partículas. Actualmente se considera que la dualidad onda-partícula es un concepto de la mecánica cuántica según el cual no hay diferencias fundamentales entre partículas y ondas: las partículas pueden comportarse como ondas, y viceversa. La materia no solo es más rara de lo que pensamos, sino de lo que podemos pensar. Objetos y acontecimientos, esencias y existencias están intrínsecamente relacionados.[4] Por otro lado, la posición de las partículas viene definida por una función que describe la probabilidad de que dicha partícula se halle en tal posición en ese instante. La observación interfiere en su comportamiento. Solo es posible acceder a ellas afectándolas, con lo cual el vínculo observador-observado resulta constitutivo de la aproximación a la realidad. No existe una realidad objetiva separada de una realidad subjetiva. La conciencia interfiere en los campos de energía.[5]

Lo que resulta altamente contradictorio e inquietante para el paradigma de la sustantivación y el principio de no-contradicción, abre un nuevo modo de situarse ante el mundo. La realidad es muchas cosas al mismo tiempo, lo que ha dado pie a la teoría de los *Muchos Mundos*, *Mundos Paralelos* o *Multiverso*, en lugar del clásico y reconfortante Universo. Si esto es así en el plano de la física, cuánto más puede aplicarse al ámbito de las cosmovisiones y de las religiones. En cada tradición se da una difractación única y diversa del Misterio que adquiere la forma del recipiente que la recibe. Todas ellas son legítimas en su modo de percibir lo que funda lo real. Como en el caso de las teorías científicas, la validez de un camino religioso está en la capacidad que tenga de transformar a las personas y de incidir en el mundo.

---

[4]. *Cf.* Michel TALBOT, *Misticismo y física moderna* [1980], Kairós, Barcelona, 2006.
[5]. *Cf. ibid.*, pp. 37, 47, 61-62.

4 EL ESTADO DE NO-DUALIDAD

Por estado de no-dualidad entendemos un estado de la conciencia en el que el yo individual no se percibe separado ni de la Profundidad última, ni del mundo, ni del resto de los humanos, sino que siente y sabe que forma una sola y única realidad que lo abarca todo. Se dice no-dual o a-dual porque desaparece la separación entre Creador, creación y criatura, o entre el Creador, el acto creador y lo creado; entre lo material, lo mental y lo espiritual; entre la esfera del divino, del ser humano y del cosmos; entre el exterior y el interior, lo visible y lo invisible; entre objeto y sujeto, entre yo, tú y él, con la conciencia de que formamos parte de un todo inseparable sin que se pierda el contorno de cada individuación. No hay separación entre el principio y el fin, sino un único proceso que lleva a percibir la semilla que está en el árbol y el árbol que ya está contenido en la semilla. Desde esta comprensión tampoco hay separación entre el tiempo y la eternidad, sino que la eternidad se ofrece en la transparencia del ahora que nosotros experimentamos con un *continuum* lineal. Somos todo lo que es, todo lo que fue y todo lo que será. Tampoco hay separación entre el macrocosmos y el microcosmos, de los que el ser humano es punto de intersección. La misma ciencia ha descubierto la estructura fractal de la realidad, según la cual cada parte contiene potencialmente el todo. Edwin Schrödinger, uno de los padres de la física cuántica, escribía: «Por inconcebible que resulte a nuestra razón ordinaria, todos nosotros —y todos los demás seres conscientes en cuanto a tales— estamos todos en todos. De modo que la vida que cada uno de nosotros vive no es meramente una porción de la existencia total, sino que en cierto modo es el todo.»⁶ Lo que el científico descubre como un dato de la realidad, el místico lo vive existencialmente en un proceso de apertura siempre mayor.

El paradigma de la no-dualidad lleva a comprender que no solo el yo está en el mundo, sino que el mundo está en el yo. El estado y posición del yo condiciona radicalmente la percepción del mundo. En cuanto crece la conciencia del yo cambia la percepción del mundo, porque el mundo solo puede ser percibido por el yo.

5 LA INTERRELACIONALIDAD DE TODAS LAS COSAS

Todo ello lleva a captar que la vida es fruto de interconexiones que están produciéndose continuamente. Para ello hemos de dejar paso a una actitud admirativa y contemplativa en lugar de utilitarista y depredadora. La no-dualidad es un estado, una forma de situarse ante la realidad que nace de la desposesión. Vencida la pulsión de apropiación que proviene de la individualidad autocentrada, las cosas se abren ante nosotros de la misma manera que nosotros nos abrimos a ellas desde el Fondo que nos origina simultáneamente tanto a ellas como a nosotros.

En el cristianismo, esta interconexión de toda la realidad se llama *perichoresis* a partir del modelo tri-unitario. Las tres hipóstasis ('personas') divinas están en radical comunión: Dios en tanto que *Padre-Madre* está continuamente engen-

---

6. Edwin SCHRÖDINGER, *What is life? Mind and matter*, Cambridge University Press, Cambridge, 1980, citado por Jordi PIGEM, *Buena crisis*, Kairós, Barcelona, 2009, p. 147.

drando a Otro de sí, que es el *Hijo*, un modo personificado de referirse a la Forma que contiene a todas las demás formas: «Al principio ya existía la Palabra. [...] Todo fue hecho por ella y sin ella no se hizo nada de cuanto llegó a existir.» (Jn 1,1.3) La irradiación expansiva entre los dos constituye al *Espíritu Santo*, el cual introduce a todos los demás seres en el interior de esta relación. Para los cristianos, la vida verdadera consiste en participar de esa comunión de todo con todo, de todos con todos, tal como Dios goza de esa comunión en el interior y exterior de sí mismo.

En el buddhismo, esta religación se expresa mediante la noción de *interser*, tal como ha sido llamada por Thich Nhat Hanh, dando nombre a la orden monástica fundada por él. El buddhismo trata de desarrollar la conciencia de la interdependencia de todas las cosas, lo cual conduce a la sabiduría (*prajna*) y a la compasión (*karuna*). La sabiduría consiste en captar las múltiples e invisibles relaciones que existen entre el ser humano y su entorno; la compasión lleva al respeto y veneración por cada ser que convive con nosotros en el mismo planeta, lo cual lleva al agradecimiento por la más mínima e insignificante forma de existencia. En los estados avanzados del camino buddhista, el *nirvana* (el fondo incondicionado de la realidad) es el *samsara* (el mundo de las formas contingentes), y *samsara* es el *nirvana*, es decir, la interioridad no condicionada por la forma está engendrando continuamente las formas. Lo absoluto está en lo relativo y lo relativo está en lo absoluto, expresando así la no-dualidad.

En lenguaje hindú, el *atman* individual es Brahman y Brahman está en cada *atman* individual. Se lee en la Bhagavad Gita: «El amor que siente un ser iluminado es ecuánime y universal; no hace diferencias entre un brahmán austero y sabio y una vaca, un elefante o un perro.» (BG 5,18) Esto sucede cuando «reconoce en su corazón que su esencia es común a la de todas las criaturas, y que la vida que mora en todas las criaturas habita también en su corazón. Esta es la conciencia en que vive el yogui iluminado: una visión de total unidad» (BG 6,29); «aquel que en su amor universal logra amarme en todo lo que ve, donde quiera que esta persona viva, vive en mí constantemente, sea cual sea su condición de vida» (BG 6,31).

En el islam, esta interrelación de la realidad coincide con el significado mismo de la palabra *islam*, que significa 'sumisión' —no sometimiento—, entrega a la voluntad (*qadar*) de Dios, lo cual supone participar del orden de las cosas creadas por él, el cual trasciende a todas ellas. Solo Dios es Dios, y por ello la realidad está unificada: porque todo emana de él. El islam considera que Alá es lo único que realmente *es*, lo Real (*Al-Haqq*) que confiere consistencia a todo lo que es. La sumisión a su voluntad pacifica —paz es la raíz de la palabra *islam*, como *salam*—, porque vincula con todos los seres por el hecho de haber captado su esencia y haberse puesto a su disposición, no a su depredación.

6 ENTREGARSE, CONTENERSE Y SILENCIARSE

Todo ello no conduce a un relativismo de las religiones sin orillas ni contornos, sino a descubrir las disposiciones básicas para adentrarse en el horizonte al que apuntan todas ellas. Lo importante del momento presente es que, respetando la configuración propia de cada tradición, captemos el común camino de desegocentración y la apertura a la realidad que proponen.[7] Se pueden identificar tres actitudes:

1. Por un lado, las tradiciones espirituales impulsan al ser humano a apasionarse por el don de la vida. Todas ellas son una llamada a vivir con generosidad, a interesarnos por todo lo que existe. Es *la pasión por lo real* lo que nos hace religiosos, «religantes» con todas las cosas y personas.
2. El interés por lo real necesita al mismo tiempo de *contención*. Así nos distanciamos de aquello mismo por lo que nos interesamos. De otro modo nos convertimos en depredadores. Las religiones son caminos de contención. Las normas morales y éticas de toda tradición religiosa son frenos al deseo para que este no se desboque, sino que respete aquello que existe y a aquellos que existen conmigo.
3. Finalmente, se requiere el *silenciamiento*. Todas las tradiciones tienen métodos para acallar la mente y situarnos en un lugar anterior y más interno que nuestra acción y pensamientos, desde donde recibir el ser que se nos da. Se trata de acallar nuestras percepciones del mundo para captarlo en un nivel de mayor profundidad, nacida de la gratitud y de la admiración que proviene del desasimiento.

Podemos decirlo de otro modo: la invitación de las tradiciones espirituales es a abrirnos, a entregarnos y a recogernos

---

7. Para un mayor desarrollo de estos puntos remito de nuevo a Mariano Corbí, *Hacia una espiritualidad laica. Sin creencias, sin religiones, sin dioses*, Herder, Barcelona, 2007, pp. 333-337.

en un movimiento permanente que está inscrito en nuestra respiración por el acto de inspirar y expirar. Participamos de la existencia por medio de un acto continuo de receptividad y donación, de acogida y ofrecimiento, sostenidos por intervalos de silencio.

Retomo la metáfora que he utilizado en diversos momentos: las formas de las montañas cambian (la irreductible especificidad de cada tradición), pero la nieve cae a la misma cota y su blancura es la misma: vivir la existencia en estado de entrega. Lo que importa no es tanto el contorno de las montañas cuanto que ascendamos hacia esa nieve inmaculada. No caminamos por un único paisaje. Eso empobrecería la diversidad de las tradiciones, pero sí que podemos reconocer lo común que se deposita en ellas: un manso y pacífico modo de existencia que es consciente de ser recibido para que así podamos ofrecerlo.

En definitiva, en la profundidad de lo Real hay un darse que engendra la forma que somos, esa forma que recibimos con el don de la vida y de nuestra individualidad concreta y que estamos llamados a entregar para regresar al Origen que nos engendra. Estamos creados desde esa profundidad. Cuando se capta este misterio, todo se abre y se descubre la Presencia que está ofreciéndose aquí y ahora, en cada instante. Las religiones son modos de religarse a este movimiento del Ser en el que somos siempre, en todo momento y lugar, en el fundamento de todo tiempo y de todo lugar. «Dios es una esfera infinita cuyo centro está en todas partes y cuya circunferencia en ninguna», dice una sentencia del siglo XII.[8] Abrirse a esta comprensión de lo Real es a lo que hoy se nos invita.

---

8. *El libro de los veinticuatro filósofos*, Siruela, Madrid, 2000, p. 47, II.

7 HACIA UN HORIZONTE SIEMPRE POR ALCANZAR

No podemos saber hacia dónde nos conducirá este encuentro interreligioso. Ciertamente, a un mayor respeto y profundización de cada singularidad, pero tal vez también hacia un modelo universal más allá de las actuales particularidades. En el proceso evolutivo de la materia hacia el espíritu, Pierre Teilhard de Chardin intuía una *megasíntesis* en la que la unidad no anulaba las particularidades sino que, al contrario, las potenciaba.[9] Hablaba de un máximo de unión en un máximo de personalización. Se trata de un proceso en el que ambas cosas —unidad y singularidad— han de coexistir ya que se sitúan en planos diferentes. La pluralidad no impide percibir los elementos comunes subyacentes, así como la unidad no anula cada especificidad. También aquí se trata de no-dualidad. Así podemos comprender las palabras de Ibn Arabi:

> Ahora mi corazón se ha convertido
> en receptáculo de todas las formas religiosas.
> Es un prado de gacelas y claustro de monjes cristianos,
> templo de ídolos y Kaaba de peregrinos,
> Tablas de la Ley y pliegos del Corán.
>
> Fragmento de la Oda XI

Sincretismo, dicen algunos. Depende, decimos otros. Depende de si estas palabras están situadas al comienzo del camino o cuando ya se ha recorrido mucho camino. El sincretismo es tóxico cuando no sabe respetar la especificidad de cada con-

---

9. *Cf.* Pierre TEILHARD DE CHARDIN, *El fenómeno humano*, Taurus, Madrid, 1965, pp. 292-294.

figuración y cuando integra de forma inmadura elementos heterogéneos de manera que no permite avanzar, solo entretenerse. Sin embargo, como anunciábamos desde el comienzo, algunos creemos que estamos en tiempos de síntesis, donde las formas del pasado que nos han llevado hasta el presente están llamadas a encontrarse en una síntesis superior.

Por eso no es un despropósito pensar y desear que aparezcan espacios interreligiosos donde, por un lado, se pueda celebrar el culto de cada tradición y, al mismo tiempo, haya lugar para escuchar en silencio el rumor del Misterio junto a la presencia sagrada de los demás.[10] Esto haría patente visual y espacialmente la tarea que tenemos encomendada: el respeto por la diversidad y a la vez la aspiración a la unidad. Esta cohabitación en un espacio de trascendencia podría ser una pedagogía para aprender a convivir en la saturación de nuestras calles. Entonces, en lugar de presencias invasoras, cultivaríamos presencias porosas y receptivas tanto a la alteridad del Misterio como a la alteridad del extraño convertido en hermano en la tarea común de aprender a caminar sobre la tierra de forma sagrada. Combinando acción y contemplación, estudio de las religiones y compromiso con la realidad social y cultural del entorno, podríamos enriquecernos con el legado espiritual que hemos heredado y nos podríamos ayudar a alcanzar cuotas de más alta, más ancha y más honda humanidad.

Pero quizá también esto podría ser una tentación: querer capturar un nuevo espacio, por interreligioso que sea. Pro-

---

10. Raimon Ribera, antiguo director del Centro UNESCO de Cataluña, ha desarrollado con precisión esta propuesta en *El diàleg interreligiós*, Fragmenta, Barcelona, 2007, pp. 107-117.

piamente, este horizonte pertenece a tres ámbitos: al lugar más íntimo de cada uno, donde cada cual deja de ser él mismo para ceder espacio a El-que-es; al inmenso templo de la naturaleza, con su bóveda abierta de estrellas, al aire que todos los humanos respiramos, al azul inmenso de los océanos, a los rayos de sol que llegan a todas las pieles humanas; y a la nueva humanidad, inasible y siempre abierta. Hay que ir con mucho cuidado para que los espacios interreligiosos no sean una nueva forma de separación o de apropiación.

En cualquier caso, podemos decir que la experiencia espiritual que requiere nuestro tiempo está caracterizada por tres rasgos: el arraigo en la propia tierra, bebiendo y nutriéndose de lo más genuino de la propia tradición; una capacidad receptiva a las aportaciones de los demás caminos; y una disposición a mantenerse abiertos hacia un horizonte siempre mayor, libres de las seguridades que endurecen. Profundidad, receptividad y apertura serían los tres rasgos que marcarían la calidad de una experiencia espiritual siempre dispuesta a una mayor capacidad en cada una de estas tres dimensiones.

La razón de ser de las tradiciones religiosas es posibilitar ese estado de no-dualidad que genera comunión, en lugar de la dominación y del exterminio del diferente y de lo diferente. Una experiencia espiritual auténtica no puede crear síntesis rígidas que acaban siendo violentas para defenderse a sí mismas. Por la condición propia del *spiritus* ('aire', 'viento'), no puede ser sino porosa, capaz de integrar nuevos elementos sin que nadie ni nada quede excluido y donde en cada fragmento se reconozca la presencia fractal del Todo.

ORIGEN DE LOS CAPÍTULOS

LA DIFÍCIL ALTERIDAD
- «El diálogo como actitud», *Crítica*, núm. 891 (enero 2002), pp. 16-18.
- «Experiencia religiosa e identidad», *Crítica*, núm. 926 (junio 2005), pp. 265-267.
- «El diálogo interreligioso hoy», *Crítica*, núm. 938 (septiembre-octubre 2006), pp. 56-59.

COMPARTIR PLENITUDES EN LUGAR DE COMPETIR ENTRE TOTALIDADES
- «No competir entre totalitats, sinó compartir plenituds», *Quaderns Espai Obert*, núm. 28 (2007).

EL DIÁLOGO INTERRELIGIOSO COMO EXPERIENCIA ESPIRITUAL
- «Interioridad y diálogo interreligioso», en AA. VV., *La interioridad: un paradigma emergente*, PPC, Madrid, 2004, pp. 87-103.

ORIENTE Y OCCIDENTE
- Inédito.

EL CAMINO DEL YOGA
- «La espiritualidad del yoga», *Yoga. Asociación Española de Practicantes de Yoga*, núm. 63 (2008), pp. 14-21.

LA META DEL BUDDHISMO
- «La santedat en el buddhisme», *Qüestions de Vida Cristiana*, núm. 205 (2002), pp. 92-105.

LA NEW AGE, ¿MÍSTICA O MISTIFICACIÓN?
- «La *New Age*, ¿mística o mistificación?», *Sal Terræ*, núm. 89/4 (abril 2001), pp. 281-294.

LA INTEGRACIÓN COSMOTEÁNDRICA
- Inédito.

VÍA MÍSTICA: LA PROFUNDIDAD DEL MISTERIO Y EL CULTIVO DE LA INTERIORIDAD
- «La fe perpleja ante el pluralismo religioso», en AA. VV., *La fe perpleja. ¿Qué creer? ¿Qué decir?*, Fundación Universitaria G. J. Chaminade & Tirant lo Blanc, Valencia, 2010, pp. 225-242.

VÍA ÉTICA: LA SACRALIDAD DEL OTRO Y EL CULTIVO DE LA SOLIDARIDAD
- «Pau entre les religions per un món en pau», *Araguaya*, núm. 41 (mayo 2003), pp. 1-7.

VÍA ECOLÓGICA: LA SACRALIDAD DE LA TIERRA Y EL CULTIVO DE LA SOBRIEDAD
- «Las religiones y el respeto y el cuidado de la vida», *Actas del III Parlamento de las Religiones (Alicante, 12-13 de mayo del 2007)*, Mesa Interreligiosa de Alicante, 2007, pp. 28-30.
- «Educar el deseo para resacralizar nuestra relación con la tierra», en Raúl FORNET-BETANCOURT (ed.), *El lugar de la Tierra en las culturas. Un diálogo de cosmologías ante el desafío ecológico*, Denktraditionen im Dialog: Studien zur Befreiung und Interkulturalität, vol. 29, Wissenschaftsverlag Mainz, Aquisgrán, 2009, pp. 283-290.

EPÍLOGO: EL FUTURO DE LAS RELIGIONES

- «Hacia un tiempo de síntesis», *Cuadernos de la Diáspora*, núm. 14 (noviembre 2002), pp. 173-184.
- «Las religiones ante el nuevo paradigma», *Actas del Foro Teológico de Vitoria* (abril 2010), Vitoria, 2011.

ÍNDICE ONOMÁSTICO

Abrahán: 32, 72-73, 200
Adán: 243
Alejandro Magno: 27
Ananda: 98
Arabi, Ibn: 253
Araújo, Washington: 231
Aristóteles: 93
Armstrong, Karen: 30
Arokiasamy, Arul M.: 134
Ashoka, emperador: 65
Ata Allah: 203
Averroes: 171
Avicena: 171

Barbarin, Philippe: 172
Bárcena, Halil: 59
Beauvoir, Simone de: 84
Bentounès, Khaled: 204
Béthune, Pierre-François de: 70
Boff, Leonardo: 223
Bouhdiba, Abdelwahab: 63
Brosse, Jacques: 138
Bruchac, Joseph: 232-233
Buddha: 30, 39-40, 46, 98, 123-126, 136, 139, 143-144
Bush, George: 22

Cabral, Facundo: 230
Calle, Ramiro: 129
Cameron, James: 147
Cano, Melchor: 64
Chopra, Deepak: 158
Comte-Sponville, André: 173, 210
Confucio: 30, 208
Coomaraswamy, Ananda Kentish: 91
Corbí, Mariano: 59, 172, 251

Daishi, Yoka: 86
Dalai Lama: 40, 140, 171, 207, 213, 227-228
Daniélou, Alain: 108
Descartes, René: 98
Dionisio el Areopagita: 64, 186-187
Domínguez, Atilano: 104
Dupuis, Jacques: 63, 71

Eckhart, Maestro: 87-88, 157, 184, 187-188
Einstein, Albert: 237, 245
Eliade, Mircea: 103-104, 111
Elías: 243

Ellacuría, Ignacio: 229
Enomiya-Lassalle, Hugo: 135
Espartaco: 80
Esquirol, Josep M.: 33
Eva: 243

Ferry, Luc: 172
Fornet-Betancourt, Raúl: 258
Foucauld, Charles de: 70
Freud, Sigmund: 239

Galilei, Galileo: 155
Galindo, Emilio: 203
Gandhi, Mahatma: 21, 59, 66-67, 84, 105, 207-208, 229
Graf Dürckheim, Karlfried: 135
Grant, Ulysses: 230
Gregorio Magno, san: 58

Haas, Alois M.: 188
Hallaj, Al-: 43
Havel, Vaclav: 33
Herrigel, Eugen: 136
Huntington, Samuel: 22

Ignacio de Loyola, san: 135, 145
Imakita, Kosen: 134
Isaac: 200
Isaías, profeta: 67, 73

Jacob: 200
Jarczyk, Gwendoline: 97
Jaspers, Karl: 30, 241
Jesucristo: 46, 49, 55, 67, 69-70, 83, 123, 133, 148, 157, 159-160, 179, 181-183, 192, 243

Jnanadeva: 117
Juan de la Cruz, san: 68, 72, 137, 150-151, 178, 184-186, 194
Juan Evangelista, san: 73

Kabir: 117
Kaplan, Helen: 152
Kapuscinski, Ryszard: 29, 201
Kingsley, Peter: 179
Kipling, Rudyard: 79
Krishna: 117
Küng, Hans: 212
Kuo-an Shih-yuan: 142

Laozi: 30, 100
Latouche, Serge: 230
Le Saux, Henri: 71
Lévinas, Emmanuel: 44, 197, 200-201
Lincoln, Abraham: 211
Llull, Ramon: 40-41
Lutero, Martín: 239

Maalouf, Amin: 23-24
Madhva: 90
Maharshi, Ramana: 237
Mahavira: 30
Manickavakar: 117
Martín Velasco, Juan: 49, 64-65
Marx, Karl: 83, 239
Maslow, Abraham: 23
Massignon, Louis: 61, 70
Mello, Anthony de: 69, 130, 139

Melloni, Javier: 39
Merton, Thomas: 66, 75, 124-125
Moisés: 45, 238, 243
Mokrani, Adnane: 32
Motovilov, Nicolás: 135
Muhámmad: 57, 202, 203, 243

Nasr, Seyyed Hossein: 62
Neuhaus, Gerd: 70
Neytiri: 147
Nhat Hanh, Thich: 131, 206, 249
Nicolás de Cusa: 41, 188-189
Nietzsche, Friedrich: 239
Nishitani, Keiji: 137
Noé: 55

Pablo de Tarso, san: 187-188
Pániker, Agustín: 89
Panikkar, Raimon: 5, 15, 65, 92, 96-97, 136, 165-166, 170, 173, 223, 229, 238, 241
Parménides: 179
Patanjali: 104, 108, 110
Pathil, Kuncheria: 63
Pigem, Jordi: 224, 227, 248
Pitágoras: 165
Prado, Abdennur: 201
Pujol, Òscar: 104

Ramajuna: 90
Reps, Paul: 129
Ribera, Raimon: 254
Ricœur, Paul: 14

Rilke, Rainer Maria: 177-178, 193
Rimpoché, Chatral: 228
Rinpoche, Khenchen Sherab: 137
Rodríguez Carmona, Antonio: 55
Roszak, Theodore: 223
Ryokan: 140

Saban, Mario: 55
Sádaba, Javier: 172
Salomón: 148
Schlüter, Ana María: 39
Schrödinger, Edwin: 247-248
Seattle, jefe de los Duwamish: 230
Seng Ts'an: 138
Senzaki, Nyogen: 129
Serafín de Sarof, san: 135
Shankara: 90
Simeón el Nuevo Teólogo: 135
Smith, Huston: 33
Sols, José: 229
Sully, Jake: 147

Tagore, Rabindranath: 79, 117
Talbot, Michel: 246
Taylor, Mark C.: 239
Teilhard de Chardin, Pierre: 30-31, 95, 212, 241, 253
Teresa de Jesús, santa: 87 , 131
Tillich, Paul: 180-181, 238-239
Torradeflot, Francesc: 204
Torres Queiruga, Andrés: 39
Tukaram: 117

Ueda, Shizuteru: 141

Vázquez, Sebastián: 129
Vega, Amador: 41, 137
Villegas, Laia: 108

Walsch, Neal D.: 152, 156

Weil, Simone: 23

Zambrano, María: 13
Zoroastro: 30
Zuangzi: 94-95, 98